Le droit de grâce sous la Ve République

BIBLIOTHÈQUES DE DROIT

COLLECTION FONDÉE ET DIRIGÉE PAR JEAN-PAUL CÉRÉ

Cette collection a pour vocation d'assurer la diffusion d'ouvrages scientifiques sur des thèmes d'actualité ou sur des sujets peu explorés dans le domaine des sciences juridiques. Elle se destine notamment à la publication de travaux de jeunes chercheurs.

Dernières parutions :

C. MENABÉ, La criminalité féminine

M. TESSIER, Les procédures de la criminalité organisée devant la Cour de cassation

N. NOTTO-JAFFEUX, Le conflit d'intérêt chez les avocats

A. GERMON, Le rôle d'initiative des administrations dans l'action publique

O. LECUCQ (dir.), Etat, collectivités territoriales et droits sociaux

A. AMALFITANO, La responsabilité pénale des personnes morales en Europe

N. LORY, La saisie pénale des biens incorporels

M. PERRIN, Le statut pénal de l'animal

A. TATARINOFF, Génocide et crimes de masse (1933-1946)

P. ROUSSEAU, Autonomie personnelle et droit pénal

A. AZARETE, E. GUERRERO et Th. MORETTO (dir.), Fête et droit public

A. BEn GADI, La libération conditionnelle comme outil de gestion du risque

BIBLIOTHÈQUE DE *DROIT PUBLIC*

Florent LOUISE

Le droit de grâce sous la Ve République

Préface d'Alain Laquièze

L'Harmattan

5-7, rue de l'Ecole-Polytechnique, 75005 Paris

http://www.editions-harmattan.fr

ISBN : 978-2-343-13949-4
EAN : 9782343139494

Je tiens à remercier sincèrement le professeur Alain Laquièze. Son accompagnement et ses conseils précieux ont permis de guider de la meilleure manière qui soit ce travail de recherche.

Un grand merci aussi à Anne Freyssinier pour sa disponibilité, son amabilité et sa générosité. Elle m'a prêté sa thèse brillante sur le droit de grâce, soutenue à l'Université de Toulouse 1 en 2001. A travers la lecture de ses développements, j'ai obtenu des informations rares et pertinentes. Ce mémoire aspire à compléter le point de vue qui y est exposé par une approche actualisée de publiciste.

Je ne saurais enfin oublier tous ceux qui ont concouru à l'accomplissement de ce travail, tant par leurs encouragements sincères que par leurs remarques et leurs conseils perspicaces.

Principales abréviations

Bull. crim	Bulletin criminel de la Cour de cassation
CADA	Commission d'accès aux documents administratifs
CDH	Comité des droits de l'Homme
CE	Conseil d'Etat
CEDH	Cour européenne des droits de l'Homme
Ch. crim	Chambre criminelle de la Cour de cassation
Ch. com	Chambre commerciale de la Cour de cassation
CIADH	Cour interaméricaine des droits de l'Homme
CPJI	Cour permanente de justice internationale
CSM	Conseil supérieur de la magistrature
Dir.	Directeur/Direction d'ouvrage
Et al.	Et les autres
JO	Journal officiel
N°	Numéro
P, pp	page(s)
Rec.	Recueil Lebon
Réed.	Réédition
SA	Sentence arbitrale
TC	Tribunal des conflits
TPIY	Tribunal pénal international pour l'ex-Yougoslavie
UE	Union européenne

Préface

Ce livre de Florent Louise est issu d'un mémoire de recherche qui a été soutenu au mois de juin 2017 devant un jury composé du Professeur Bruno Daugeron et du signataire de cette préface, dans le cadre du Master 2 de droit public général de l'Université Paris Descartes – Sorbonne Paris Cité. La qualité de ce travail n'a pas été pour rien dans l'obtention par son auteur d'un contrat doctoral de cette Université, le faisant ainsi entrer dans la carrière académique. Florent Louise a eu le grand mérite d'aborder un sujet peu traité ces dernières années et suscitant davantage d'intérêt de la part des pénalistes que des constitutionnalistes. Pourtant, le droit de grâce est un pouvoir du Président de la Vème République, comme le précise l'article 17 de la Constitution de 1958, dont le champ d'application a été limité aux cas individuels par la révision du 23 juillet 2008. Même si ce droit n'apparaît pas aujourd'hui comme une attribution centrale de la fonction présidentielle, il n'a pas perdu toute effectivité, comme en témoigne la grâce présidentielle accordée, à deux reprises au cours de l'année 2016, à Madame Jacqueline Sauvage qui avait été condamnée par la justice pour le meurtre de son mari, consécutivement aux violences conjugales répétées qu'elle avait subies.

En choisissant de débuter son étude du droit de grâce par cette affaire fortement médiatisée, Monsieur Louise suscite d'emblée la réflexion du lecteur sur le bien-fondé d'une prérogative qui symbolise la majesté d'un pouvoir monarchique situé à la source de la fonction juridictionnelle, mais qui semble désormais archaïque, voire même attentatoire à l'État de droit, à une époque où est proclamée et garantie l'indépendance de la justice, notamment à l'égard de l'autorité politique. Il montre également comment l'opinion publique peut exercer son influence sur l'action du Président de la République, alors que ce dernier est irresponsable politiquement selon la Constitution, illustrant ainsi la prépondérance de la démocratie d'opinion sur la démocratie représentative dans nos systèmes politiques occidentaux.

On lira avec attention les développements sur la nature juridique de la grâce qui est analysée comme une dispense, c'est-à-dire une faveur accordée à un individu de se soustraire à la rigueur d'une règle juridique, et non une dérogation qui est une règle écartant l'application d'une règle générale pour un cas particulier. La dispense se rencontre rarement en droit constitutionnel, la grâce et l'amnistie étant les seules hypothèses concernées. On saura gré à l'auteur de préciser en quoi ces deux décisions de faveur se distinguent fondamentalement : on apprend ainsi que le critère organique – la grâce est de la compétence du Chef de l'État, l'amnistie est celle du législateur – n'a été consacré que sous la Troisième République et que s'il est souvent utilisé, il est pourtant moins décisif que le critère matériel. En effet, contrairement à l'amnistie, la grâce ne permet pas d'effacer la sanction pénale, mais elle s'analyse uniquement comme une dispense d'exécution de la peine.

Le travail de Florent Louise éclaire également certaines particularités de l'exercice contemporain du droit de grâce sous la Vème République. Cette attribution présidentielle, pourtant soumise à contreseing ministériel, est laissée à la seule discrétion du Chef de l'État. Le contreseing n'est donc pas, en l'espèce, la marque d'un transfert de responsabilité politique, mais seulement l'authentification juridique d'un acte présidentiel. Il n'en demeure pas moins que l'exercice discrétionnaire du droit de grâce par le Président de la République est fragilisé par la montée en puissance du droit pénal international, comme le souligne fort pertinemment l'auteur qui s'interroge sur la portée réelle de la décision n° 98-408 DC du Conseil constitutionnel du 22 janvier 1999 relatif au traité portant statut de la Cour pénale internationale, lorsqu'elle sous-entend que l'exercice du droit de grâce est préservé, alors que le statut de la Cour paraît mettre en échec ce droit, notamment en prévoyant que le président de la juridiction peut ordonner le transfert du condamné dans un autre État partie au traité.

Nous touchons là en réalité à ce qui est la caractéristique majeure de la grâce présidentielle, à savoir qu'elle est un acte de souveraineté. Comme l'écrivait Jean Bodin, « la puissance d'octroyer grâce aux condamnés par-dessus les arrêts, et contre la rigueur des lois » est « une marque de souveraineté »[1]. Le Conseil d'État rappelle au demeurant, dans une jurisprudence constante, que les décisions prises par le chef de l'État dans l'exercice du droit de grâce ne sont pas des décisions émanant d'une autorité administrative et ne peuvent donc faire l'objet d'un contrôle juridictionnel. Son refus de qualifier positivement la décision de grâce traduit le caractère singulier de cette dernière, ainsi que de l'autorité qui la prend. On ne peut appréhender cette singularité que par rapport au droit de souveraineté, c'est-à-dire à celui de décider en dernier ressort, y compris après l'intervention de la loi ou des juges, comme le précisait Bodin. La grâce n'est pas un acte administratif et ne saurait se comprendre en particulier comme un acte d'exécution de la loi ; elle est foncièrement un acte de souveraineté. Son encadrement par un contrôle du juge administratif, comme le propose Florent Louise, n'en ferait de surcroît qu'une autre mesure d'application des peines qui paraîtrait bien superfétatoire,

---

[1] BODIN J., *Les six livres de la République*, livre I, chapitre X.

puisqu'elle se rajouterait aux procédures déjà existantes, pilotées par le juge de l'application des peines qui est un juge spécialisé du Tribunal de grande instance. Il semble donc que pour ce qui concerne la grâce, on n'ait d'autres choix, à l'heure actuelle, que de réduire son choix d'application, ce qui a été l'objet de la révision constitutionnelle de 2008, ou de la faire disparaître de l'ordonnancement juridique.

Il est significatif à cet égard, que l'utilisation par le Président de la République du droit de grâce est depuis une dizaine d'années au moins en déclin, comme le relève avec justesse Florent Louise. Cette tendance qui touche aussi l'amnistie pourrait être le signe avant-coureur d'une désuétude prochaine. Plusieurs facteurs expliquent ce déclin. L'abolition de la peine de mort lui a enlevé une bonne part de sa raison d'être. Le Président Giscard d'Estaing a fait état, dans ses mémoires, du lourd sentiment de responsabilité qui l'a envahi, à chaque fois qu'il a dû prendre la décision d'accorder la grâce ou de la refuser, décision qu'il prenait seul, après avoir consulté le Conseil supérieur de la magistrature et les avocats des condamnés à mort[2]. L'exercice du droit de grâce ne revêt plus aujourd'hui le même enjeu dramatique. Le renforcement des pouvoirs de la justice explique sans doute aussi ce déclin : songeons en particulier à la mise en place du droit de l'exécution des peines depuis l'ordonnance du 22 décembre 1958 et à l'ouverture de l'appel contre les décisions des cours d'assises rendues en premier ressort depuis le 1er janvier 2001. Plus largement, c'est la légitimité de l'intervention de l'autorité politique dans un domaine qui est de la compétence du pouvoir judiciaire qui est aujourd'hui remise en cause. Si l'on souhaite aller au-delà des apparences, il n'est pas certain qu'il faille se réjouir de cette situation. Car il peut arriver que dans l'intérêt de la

---

[2] GISCARD D'ESTAING V., *Le pouvoir et la vie*, Compagnie 12, 1988, p. 281 et s.

société, la clémence du prince doive prévaloir sur la rigueur du droit.

Alain Laquièze

Professeur de droit public

Université Paris Descartes – Sorbonne Paris Cité

Prélude

Le 10 septembre 2012, après une énième dispute, Jacqueline Sauvage abat son époux Norbert Morot de trois balles dans le dos. Deux ans plus tard, le 28 octobre 2014, la Cour d'assises d'Orléans la condamne à une peine de dix ans de réclusion criminelle pour meurtre aggravé. Sur appel, le 3 décembre 2015, la Cour d'assises de Blois prononce le même verdict.

C'est à la suite de cette condamnation que l'affaire Jacqueline Sauvage se médiatise, notamment par l'intermédiaire de ses avocates qui dénoncent une justice rétrograde, inapte à condamner les violences conjugales. Avec le soutien de ses filles, elles saisissent le président de la République d'un recours en grâce.

Leurs apparitions dans les médias se multiplient, l'opinion publique commence à compatir de la situation de cette femme battue[3]. Plusieurs pétitions sont lancées. L'une d'entre elles affirme que « le jugement condamnant Jacqueline Sauvage ne prend aucunement compte la souffrance et le calvaire endurés par cette femme et ses enfants. Il ne prend pas en compte que la société dans son ensemble est responsable et complice du silence et de l'omerta qui a régné

---

[3] A la question « faut-il gracier Jacqueline Sauvage ? », un sondage du *Point* ayant recueilli près de 65 000 votes avant le 29 janvier 2016 indique que 85,8% des participants ont répondu « Oui ». Voir : http://www.lepoint.fr/sondages-oui-non/faut-il-gracier-jacqueline-sauvage-29-01-2016-2013778_1923.php

autour de cette violence[4] » et demande ainsi au Président François Hollande « une grâce totale et immédiate[5] ». Elle obtient plus de 430 000 signatures. En parallèle, le 27 janvier 2016, la députée Maud Olivier forme un recours en grâce pour libérer Madame Sauvage[6].

Un comité de soutien se constitue, à l'initiative de la comédienne Eva Darlan, et à l'intérieur duquel on recense des personnalités issues d'horizons divers : ainsi, des chanteuses Maurane ou Mireille Darc ou des hommes et des femmes politiques comme la maire de Paris Anne Hidalgo ou le député européen Daniel Cohn-Bendit.

La députée Valérie Boyer mobilise autour d'elle quarante-six députés sur une proposition de loi relative aux violences au sein des couples et aux incidences de ces dernières sur les enfants[7]. Cette proposition de loi est en lien direct avec l'affaire Jacqueline Sauvage, comme en atteste l'exposé de ses motifs : « en décembre 2015 a eu lieu le procès de Jacqueline Sauvage en appel. Après 47 ans de violences conjugales à la fois psychologiques et physiques permanentes, le viol de deux de ses filles, des violences répétées contre son fils et le suicide de ce dernier, Jacqueline Sauvage, 67 ans, tue son mari de trois coups de fusil [...] Dans ce cadre, peut-on comprendre que Mme Sauvage tue pour ne pas mourir ? Nous ne parlons pas ici de délivrer ce

---

[4] https://www.change.org/p/victoire-fran%C3%A7ois-hollande-gracie-jacquelinesauvage

[5] *Ibid.*

[6] http://www.maud-olivier.fr/single-post/2016/1/27/Cas-de-Jacqueline-Sauvage-notre-droit-doit-cesser-d%E2%80%99%C3%AAtre-aveugle-aux-in%C3%A9galit%C3%A9s-entre-les-femmes-et-les-hommes

[7] BOYER V. et autres, *Proposition de loi n°3605 relative aux violences au sein des couples et aux incidences de ces dernières sur les enfants*, enregistrée à la présidence de l'Assemblée nationale le 29 mars 2016.

que certains appellent un « permis de tuer » mais de s'appuyer sur un état particulier dit SFB[8] entraîné par la répétition des violences et le climat de danger de mort constant et imminent ».

Cet engouement médiatique et politique explique, en partie, le choix du président de la République d'accorder une grâce partielle le 31 janvier 2016. Celle-ci consiste en une remise de la peine de Jacqueline Sauvage de deux ans et quatre mois ainsi que de l'ensemble de la période de sûreté. Le communiqué de l'Elysée explique que « le président de la République a voulu, face à une situation humaine exceptionnelle, rendre possible, dans les meilleurs délais, le retour de Mme Sauvage auprès de sa famille, dans le respect de l'autorité judiciaire[9] ».

L'octroi de cette grâce suscite de nombreuses critiques[10]. Elles pointent du doigt l'atteinte portée à la séparation des pouvoirs et à l'indépendance de l'autorité judiciaire et se résument à la question suivante : comment expliquer qu'à deux reprises un jury populaire ait prononcé une condamnation (meurtre aggravé) et une peine (dix ans de réclusion criminelle) identiques, en dépit des violences odieuses dont elle a pu être victime pendant quarante-sept années de vie conjugale ?

---

8 SFB signifie « syndrome de la femme battue ».

9 Communiqué du président de la République, « Jacqueline Sauvage », 31 janvier 2016, rubrique : justice. Voir : http://www.elysee.fr/communiques-de-presse/article/jacqueline-sauvage/

10 Voir par exemple : BILGER Ph., « La démagogie et la complaisance ont gagné », *Le Figaro*, 2 février 2016 : « avec sa grâce [...] François Hollande met totalement à bas une institution qu'il avait pourtant le devoir de protéger et de servir. Le fait du Prince contre l'honneur de la retenue et de l'abstention. La démagogie et la complaisance ont gagné ».

La défense a allégué la légitime défense. Or, entre la dispute intervenue le 10 septembre 2012 entre 15h et 16h et le meurtre commis vers 19h, le critère de la simultanéité entre l'acte de défense et l'acte d'agression n'est pas rempli[11]. Pour justifier cette absence de simultanéité, les avocats ont mis en avant le syndrome de la femme battue[12], mais aucune expertise psychiatrique n'est venue appuyer cette thèse.

Un autre argument a cherché à limiter la responsabilité pénale de Madame Sauvage en ce qu'elle aurait bu un mélange d'alcool et de somnifère ayant causé un effet désinhibiteur. Mais, là encore, les expertises toxicologiques n'ont révélé aucune présence de traces de somnifère dans son sang.

D'autres éléments expliquent la position identique des deux cours d'assises, comme l'absence de constatation médicale certifiant qu'elle aurait subi des coups au cours de l'année du meurtre, l'absence de lien de causalité entre ses séjours à l'hôpital et les coups de son mari ou, encore, son

---

[11] On rappellera que les critères de la légitime défense des personnes sont au nombre de trois. Il faut que la riposte soit nécessaire, simultanée et proportionnée à l'acte d'agression. Article 122-5 du Code pénal : « N'est pas pénalement responsable la personne qui, devant une atteinte injustifiée envers elle-même ou autrui, accomplit, dans le même temps, un acte commandé par la nécessité de la légitime défense d'elle-même ou d'autrui, sauf s'il y a disproportion entre les moyens de défense employés et la gravité de l'atteinte ».

[12] Le syndrome de la femme battue est un état psychique résultant de violences perpétrées de manière persistante, essentiellement dans le cadre d'une relation conjugale. Il est reconnu par l'Organisation mondiale de la santé, mais aussi par certaines législations nationales. Ainsi, au Canada, il peut être mis en avant au cours d'un procès pour crime afin d'atténuer la responsabilité pénale de son auteur.

attitude autoritaire et rétive à l'autorité décrite par les services de l'administration pénitentiaire[13].

Néanmoins, l'octroi de la grâce du Président François Hollande peut se justifier par un élément essentiel survenu au cours du second procès d'assises.

L'avocat général aurait conduit en erreur le jury dans le prononcé de son verdict final avec une application erronée du droit de l'application des peines. Pris de compassion à l'égard de sa situation, il se serait finalement rangé de son côté. Lors de son réquisitoire, il aurait soutenu que le prononcé d'une peine de dix ans d'emprisonnement permettrait une juste reconnaissance de sa responsabilité pénale tout en lui garantissant une sortie anticipée pour janvier 2017. Il se serait basé sur l'article 721 du code de procédure pénale qui dispose que « chaque condamné bénéficie d'un crédit de réduction de peine calculé sur la durée de la condamnation prononcée à hauteur de trois mois pour la première année, de deux mois pour les années suivantes ». Il se serait aussi fondé sur l'article 721-1 de ce même code qui donne la possibilité au juge de l'application des peines d'accorder des réductions supplémentaires de peine. Enfin, il aurait expliqué que l'article 720 permet au condamné mis sous écrou à la suite d'une peine privative de liberté dont la moitié a été accomplie de bénéficier d'une libération conditionnelle.

Mais une telle argumentation ne résiste pas à l'analyse. Selon l'article 132-23 du Code pénal, « en cas de condamnation à une peine privative de liberté [...] dont la durée est égale ou supérieure à dix ans [. . .] le condamné ne peut bénéficier, pendant une période de sûreté, des dispositions concernant la suspension ou le fractionnement de la peine, le

---

[13] Pour un exposé des faits, voir notamment : KOCH F., « L'affaire Sauvage, loin des passions », *L'Express*, 2 mars 2016 ; Maître Eolas, « De grâce… », *Blog « Journal d'un avocat »*, 3 février 2016.

placement à l'extérieur, les permissions de sortir, la semi-liberté et la libération conditionnelle ». Ainsi, sur une peine de dix ans, la période de sûreté équivaut à soixante mois. A l'issue du second procès d'assises, Jacqueline Sauvage en avait accompli trente-deux en détention provisoire. Il lui en restait alors vingt-huit. Or, en application des articles 721 et 721-1 du code de procédure pénale, elle ne pouvait espérer une libération conditionnelle avant avril 2018.

La grâce partielle apparait alors comme une réponse à la mauvaise information adressée par l'avocat général aux jurés d'assises. Elle remplit sa fonction de « soupape de la justice républicaine[14] », aucun recours juridictionnel n'existant lorsque les membres de la cour se prononcent sur le *quantum* de la peine à partir d'informations erronées[15].

Le dossier Jacqueline Sauvage ne se clôt pas pour autant. Malgré les réquisitions favorables du procureur, le tribunal d'application des peines de Melun rejette sa demande de libération conditionnelle le 12 aout 2016. Il justifie son jugement par le fait que « l'importante médiatisation de son affaire rend difficile une authentique démarche de réflexion de Madame Sauvage, qui est encouragée à se cantonner dans un positionnement exclusif de victime, sans remettre en question son fonctionnement psychique personnel et sans s'interroger sur sa page de responsabilité dans le fonctionnement pathologique de son comportement[16] ».

La cour d'appel de Paris confirme ce jugement le 24 novembre 2016 au motif que « sa réflexion demeure pauvre et

---

[14] CARCASONNE G. & GUILLAUME M., *La Constitution*, Paris, Points, 2016, p. 120.

[15] L'analyse ci-dessus reprend celle développée par Maître Eolas, *art. cit.*

[16] Cité par BOURGNEUF C., « Jacqueline Sauvage : « Je vais tenir. On va continuer à se battre » », *Libération*, 12 aout 2016.

limitée puisqu'elle peine encore à ce jour à accéder au réel et authentique sentiment de culpabilité[17] ».

Devant l'ampleur de la vague d'indignation que suscite le positionnement des juridictions d'application des peines, et sur demande déposée le 2 décembre 2016, le président de la République décide d'accorder une grâce totale à Jacqueline Sauvage. Selon les termes du communiqué de presse de l'Elysée, « cette grâce met fin immédiatement à sa détention ». La justification de son octroi semble plus tranchée que pour la première grâce dans la mesure où l'idée du respect de l'autorité judiciaire n'est plus présente. Le communiqué se contente d'indiquer que « le président de la République a estimé que la place de Madame Sauvage n'était plus aujourd'hui en prison, mais auprès de sa famille »[18].

L'octroi de cette seconde grâce provoque des réactions tout aussi contrastées. Frédéric Sicard, bâtonnier de Paris, estime que « le propre de la justice est d'être humaine, elle peut se tromper. Il n'est pas anormal que le premier magistrat de France, élu par le peuple au nom de qui la justice est rendue, décide pour des raisons humaines de mettre fin à une situation »[19]. A l'inverse, une partie de la magistrature se lève pour protester contre cette mesure, notamment par l'intermédiaire de l'Union syndicale des magistrats[20]. Sa pré-

---

[17] Cité par BRAFMAN J., « Graciée, Jacqueline Sauvage restera, malgré tout, en prison », *Libération*, 24 novembre 2016.

[18] Communiqué du président de la République, « Remise de grâce à Mme Jacqueline SAUVAGE », 28 décembre 2016, rubrique : justice. Voir ici : http://www.elysee.fr/communiques-de-presse/article/remise-de-grace-a-mme-jacqueline-sauvage/

[19] Cité dans JACQUIN J.-B., « La grâce de Madame Sauvage irrite les magistrats », *Le Monde*, 30 décembre 2016.

[20] L'Union syndicale des magistrats se revendique être « le principal syndicat de magistrats de l'ordre judiciaire français ». Voir :

sidente qualifie la grâce de « décision politique[21] ». Sa secrétaire générale dénonce une remise en cause de l'indépendance de la justice. Et d'affirmer qu'« en prenant cette décision politique, le Président fait tout sauf du droit. Il répond à l'émotion populaire qui s'est créée autour de cette femme, devenue l'émoticône des victimes de violences conjugales. Mais la justice n'est pas rendue en fonction des sondages ou d'une opinion publique prétendument majoritaire. Elle l'est en fonction de principes juridiques qui garantissent à tout citoyen qu'il sera jugé selon les mêmes règles que son voisin. C'est ce qui protège de l'aléatoire et de l'arbitraire. C'est l'inverse de la grâce[22] ».

C'est dans le cadre de cette affaire médiatisée que s'inscrit le présent ouvrage. Il cherche à interroger la justification des critiques émises à l'encontre du droit de grâce, eu égard à la nature des rapports qu'est censé entretenir l'exécutif avec l'autorité judiciaire sous la Ve République. Le point de vue du droit public est privilégié. En effet, nombreuses sont les contributions analysant le droit de grâce sous l'angle du droit de l'exécution des peines alors que les études de publicistes se caractérisent par leur parcimonie. Du moins, elles demeurent trop anciennes pour prendre en compte les évolutions les plus récentes qui affectent cette prérogative.

---

http://www.union-syndicale-magistrats.org/web2/fr/qui-sommes-nous-_p_156

21 http://www.bfmtv.com/societe/grace-de-jacqueline-sauvage-l-union-syndicale-des-magistrats-indignee-1075436.html

22 PARISOT G., « Le recours à la grâce présidentielle remet en cause l'indépendance de la justice », *La Croix*, 30 décembre 2016.

Introduction

La grâce se définit comme une « mesure de clémence par laquelle le président de la République, en vertu du droit que lui confère l'article 17 de la Constitution du 4 octobre 1958, soustrait en tout ou partie un condamné à l'exécution de la peine prononcée contre lui (la remise de peine) ou substitue à cette peine une peine plus douce (la commutation de peine)[23] ». Cette mesure s'oppose alors à l'amnistie (§1). Elle est historiquement incontestée (§2) tandis que son actualité demeure brûlante (§3).

§ 1 : La grâce, une mesure de clémence en opposition à l'amnistie

Les règles de droit se définissent par « la coercition étatique[24] » : en principe, toute violation entraine une sanction de la part de l'Etat. Néanmoins, ces règles juridiques, à la différence de celles morales, font l'objet de dérogations. Pour Emmanuel Kant, les secondes commandent une chose bonne en soi, ne tolèrent aucune exception, s'expriment sous la forme d'impératifs catégoriques et revêtent un caractère absolu et immanent. Les premières commandent une finalité de paix sociale, tolèrent des exceptions, s'expriment sous la forme d'un impératif hypothétique et revêtent un caractère

---

[23] CORNU G., *Vocabulaire juridique*, Paris, P.U.F., 10e édition, 2014 p. 494 et 495.

[24] AUBERT J.-L. & SAVAUX E., *Introduction au droit*, Paris, Sirey, 14e édition, 2012, p. 16.

relatif et contingent[25]. Cela se justifie par le fait que le droit doit rester fonctionnel et prévoir toutes les situations sociales. L'énonciation de règles générales et abstraites ne saurait assurer pleinement une telle mission. Il faut donc qu'existent des mécanismes permettant de considérer le particulier et le concret et d'ajouter de l'équité.

Aux mécanismes de fait, comme la tolérance, s'adjoignent des mécanismes de droit, à l'instar de la dérogation ou de la dispense. La dérogation « prend la forme d'une règle qui, coexistant avec une règle plus générale (écrite ou non), adopte une solution qui s'en écarte pour des cas abstraitement définis[26] ». La dispense renvoie à une « décision prise par un tiers au profit d'une personne qui se trouve soustraite à la règle de droit applicable, soit que cette dernière lui impose un certain comportement, soit qu'elle l'interdise[27] ». Cette dernière consiste en un « relâchement de la rigueur de la règle accordée par faveur à un individu pour des motifs particuliers[28] », elle relève de l'intersubjectif. L'amnistie et la grâce forment les deux expressions principales de la dispense[29].

---

[25] KANT E., *Fondements de la métaphysique des mœurs*, deuxième section, Paris, Le livre de poche, 1993 (édition originale : 1785).

[26] THERY P., « Dérogation, dispense, excuse, tolérance » in ALLAND D. & RIALS S., *Dictionnaire de culture juridique*, Paris, P.U.F., 2003, p. 366.

[27] *Ibid.*

[28] CORNU G. *L'apport des réformes récentes du Code civil à la théorie générale du droit civil*, Paris, Les cours de droit, 1971.

[29] De prime abord, l'amnistie relève de la dérogation en étant une règle qui s'applique à des catégories abstraites d'individus. Mais, en réalité, il s'agit d'une décision de faveur prise par le législateur : le caractère abstrait de son champ d'application est fictif car il est résolument circonscrit. Le recours à une règle générale s'explique par l'impossibilité

A l'origine, l'amnistie et la grâce ne se distinguent pas d'un point de vue organique : ce sont tous les deux des actes de souveraineté pris par le Roi. Cette confusion entre ces deux mesures de clémence perdure longtemps : même après la Révolution française de 1789 et l'époque impériale, le chef de l'Etat continue de les attribuer indifféremment. La séparation formelle de la grâce et de l'amnistie n'intervient que sous la IIIe République : l'article 3 de la loi du 25 février 1875 relative à l'organisation des pouvoirs indique que si « [le président de la République] a le droit de faire grâce, les amnisties ne peuvent être accordées que par une loi ». Le Gouvernement de Vichy marque une parenthèse[30] avant que la IVe République[31] et la Ve République[32] ne la referment définitivement.

L'origine organique de la grâce et de l'amnistie explique leurs nombreux points de convergence. Ainsi de leur calendrier : elles sont attribuées généralement à la même période, avant les élections ou à l'occasion de fêtes nationales, de sorte qu'elles apparaissent aux yeux de certains comme des mesures populistes. Ainsi aussi des conditions d'octroi qui les accompagnent parfois : alors que le bénéfice d'une grâce présidentielle requiert de plus en plus souvent le respect d'obligations énumérées à l'article 132-45 du code pénal[33], les lois d'amnistie comprennent des listes de dispositions visant

---

matérielle pour le législateur de déterminer individuellement les personnes visées par son intention.

[30] Article 1er §6 de l'acte constitutionnel n°2 du 11 juillet 1940 fixant les pouvoirs du chef de l'Etat français.

[31] Article 19 de la Constitution du 27 octobre 1946.

[32] Article 34 de la Constitution du 4 octobre 1958.

[33] Par exemple : exercer une activité professionnelle ou suivre une formation professionnelle, établir sa résidence en un lieu déterminer, se soumettre à des mesures d'examen médical, de traitement ou de soin, indemniser les victimes, etc.

à conditionner leurs effets, lesquelles tendent à s'allonger. Ainsi enfin des dispositions prévues dans les lois d'amnistie autorisant le président de la République à accorder, pour des cas particuliers qui entrent dans les critères fixés par le législateur, une mesure d'amnistie individuelle . Cette pratique, appelée « grâce amnistiante » remonte à une loi du 3 mars 1879.

L'analyse de droit comparée de l'amnistie et de la grâce participe également à la confusion de ces deux mesures de clémence. On observe dans plusieurs pays une unité organique dans leur octroi. Par exemple, le parlement fédéral suisse est compétent pour édicter des amnisties et des grâces. On note aussi une confusion formelle, la grâce, d'essence constitutionnelle, étant, dans plusieurs Etats, accaparée partiellement par la loi : le plus haut sommet de la hiérarchie des normes prévoit l'autorité titulaire du droit de grâce alors que le niveau législatif en complète le régime par l'apposition de quelques éléments de forme, voire de fond. Dans cette hypothèse, la structure normative de l'amnistie devient similaire à celle de la grâce : à la Constitution revient la détermination des compétences, à la loi les modalités de son exercice. Un courant doctrinal s'efforce même de fusionner ces deux mesures sous le terme d'« institutions de clémence ». En se référant à un groupe de travail ayant participé à la Mission de recherche « Droit et justice » sur une étude relative aux institutions de clémence en Europe[34], Renaud Bourget propose d'envisager « sous le nom générique de clémence l'étude des divers actes qui, autre leur similitude originelle, se rapprochent [...] par l'affaiblissement de certains critères que le

---

[34] DELLA MORTE G., LAMBERT-ABDELGAWAD E. & RUIZ-FABRI H., *Les Institutions de clémence en Europe. Amnistie, grâce et prescription*, Paris, Mission de recherche « Droit et Justice », 2006.

droit public moderne avait néanmoins tenté d'ériger afin de les distinguer radicalement[35] ».

Mais si l'on s'en tient au droit positif français, force est d'admettre que la grâce et l'amnistie s'opposent fortement, en particulier au niveau de leur régime.

Le champ d'application de l'amnistie est bien plus étendu que celui de la grâce : la première s'applique à toutes sortes de sanctions, pénales, administratives, disciplinaires, professionnelles ou, encore, civiles alors que la grâce n'intéresse que les sanctions pénales et militaires[36].

En outre, l'amnistie renvoie à l'oubli et constitue une dispense généralisée alors que la grâce relève de la faveur et s'adresse à des cas individuels[37]. L'article 133-9 du Code pénal dispose que « l'amnistie efface les condamnations prononcées. Elle entraîne, sans qu'elle puisse donner lieu à restitution, la remise de toutes les peines. Elle rétablit l'auteur ou le complice de l'infraction dans le bénéfice du sursis qui avait pu lui être accordé lors d'une condamnation antérieure ». Il en découle que l'amnistie éteint l'action publique dirigée contre un individu poursuivi à compter du jour de promulgation de la loi qui l'accorde ; mieux, elle s'oppose à ce que les mêmes faits reçoivent une qualification autre que celle qui leur avait été donnée dans des poursuites clôturées par une décision définitive[38]. L'article 133-11 poursuit qu'« il est interdit à toute personne qui, dans l'exercice de ses fonc-

---

[35] BOURGET R., « Les mesures de clémence étatique : regard de droit et de doctrine comparée » in GUGLIELMI J.-G. (Dir.), *La faveur et le droit*, Paris, P.U.F., 2009, p. 135.

[36] Après plusieurs incertitudes quant aux sanctions disciplinaires.

[37] Le cas des grâces collectives a longtemps troublé cette distinction de principe.

[38] Ch. crim. 6 mars 1997, *Bull. crim.* n° 912 ; 6 sept. 2006, *Bull. crim.* n°235.

tions, a connaissance de condamnations pénales, de sanctions disciplinaires ou professionnelles ou d'interdictions, déchéances et incapacités effacées par l'amnistie, d'en rappeler l'existence sous quelque forme que ce soit ou d'en laisser subsister la mention dans un document quelconque ». Au contraire, l'article 133-7 se limite à dire que « la grâce emporte seulement dispense d'exécuter la peine ». La concondamnation de la personne graciée reste sur son casier judiciaire et est prise en considération en cas de récidive.

La grâce représente donc un pardon de l'Etat sans l'oubli que procure l'amnistie. Elle se range au plus bas stade dans l'échelle des mesures de clémence.

§ 2 : La grâce, un droit historiquement incontesté

La grâce, au départ instrument de faveur religieuse mis dans les mains d'un Roi tout puissant (A), se laïcise et se constitutionnalise après la Révolution française de 1789 pour s'adapter au régime républicain (B).

A. Religiosité et personnification d'une faveur souveraine

L'existence de la grâce et d'une puissance publique souveraine se confond. A ses origines, cette prérogative s'accoutre d'un caractère religieux. Par exemple, aux prémices de la République romaine, elle s'accorde à travers les fêtes lectisterniennes, c'est-à-dire des célébrations des Dieux pour adoucir leur courroux à la suite d'un évènement dramatique, orages violents, tremblements de terre, sècheresses[39].

---

[39] Tite Live raconte : « par toute la ville, les portes des maisons furent ouvertes, tous les biens placés dans le vestibule à la disposition de tous ; connus ou inconnus, les étrangers étaient, dit-on, emmenés comme hôtes de côté et d'autre ; même avec ses ennemis, chacun s'entretient avec bienveillance et douceur ; on fit trêve aux querelles et aux procès ; aux gens enchainés aussi on ôta pour ces jours-là leurs

Le droit de grâce prend ensuite des aspects plus modernes par le biais de *l'indulgencia* et de la *venia* romaines. La première constitue une remise de peine en raison de circonstances atténuantes non prises en considération lors du jugement. La seconde s'apparente à une grâce totale, indépendante des circonstances dans lesquelles s'est déroulée la commission de l'infraction. Progressivement, les deux termes finissent par se regrouper pour désigner le pouvoir du prince à accorder sa faveur à un condamné, voire à une communauté d'individus, de manière totalement discrétionnaire.

La chute de l'Empire romain d'Occident en 476[40] se traduit par une désagrégation totale de l'Etat, une désorganisation de la justice et, par conséquent, une dispersion du pouvoir de punir et de pardonner. Le droit de grâce perd de son unité en faisant l'objet d'une appropriation privée tant par les seigneurs provinciaux que par les évêques.

Ce mouvement de dispersion du droit de grâce est contrecarré à partir de l'accession au trône de Hugues Capet en 987, la dynastie des Capétiens entreprenant une vaste entreprise de refondation de l'Etat. La justice du Roi finit par s'imposer aux justices seigneuriales au moyen d'une collaboration étroite entre la royauté et l'Eglise catholique. Cette collaboration acquiert même un caractère mystique avec l'affirmation du rituel du sacre, la fonction royale se concevant désormais comme une médiation entre le Ciel et la

---

chaines, et, par suite, on fit scrupule d'enchaîner à nouveau ceux à qui les dieux avaient ainsi porté secours ». Voir : TITE LIVE, *Livre V*, 13, 7-8. Traduit par LASERRE E., Tome II, 1947.

40 Le 4 septembre 476, date actant l'abdication de l'Empereur Auguste, est habituellement retenu pour marquer la fin de la domination de l'Empire romain d'Occident. Au contraire, l'Empire romain d'Orient se maintiendra jusqu'au 29 mai 1453 avec la chute de sa capitale Constantinople.

Terre. Le Roi devient le serviteur de la loi, entendue comme une norme édictée de manière unilatérale par lui et revêtant une valeur transcendante pour refléter l'expression de Dieu. Sa mission est d'assurer la paix, de lutter contre les injustices et de concéder la miséricorde. Elle se décompose en une double nature, concurrente mais complémentaire. D'une part, dire le juste avec rigueur afin de garantir l'ordre social ; d'autre part, faire preuve de clémence lorsque le pardon s'avère justifié. La grâce que le Roi accorde au titre de sa mansuétude doit permettre au condamné l'ouverture de la voie de la rédemption et le rapprocher de Dieu.

Sous le règne de Louis XI (1461-1483), le droit de grâce fait l'objet d'une appropriation personnelle définitive. Une ordonnance de 1498 dispose qu'« au roi seul appartient de faire grâce et rémission » avant de préciser que « tous les pouvoirs donnés à cet effet sont révoqués »[41]. De leur côté, les parlements en admettent le caractère personnel. Louis le Caron, célèbre jurisconsulte de la fin du XVIe siècle et du début du XVIIe siècle, écrit qu'il s'agit de « l'une des plus belles marques de la souveraineté qui ne se pouvait communiquer au sujet sans diminution de la majesté[42] ».

Au cours du règne de Louis XIV (1638-1715), après une appropriation personnelle du droit de grâce, celui-ci se pare d'un usage discrétionnaire absolu. Marie Hélène Renault dit ainsi de son exercice que « le Roi gracie car tel est son plaisir[43] ». C'est à ce moment-là d'ailleurs qu'on parle de « droit de grâce », entendu comme une prérogative dont l'usage

---

[41] FOVIAUX J., *La rémission des peines et des condamnations : Droit monarchique et droit moderne*, Paris, P.U.F., 1970.

[42] CHARONDAS LE CARON, *Pandectes ou digestes du droit français*, Paris, 1637.

[43] RENAUT M.-H. « Le droit de grâce doit-il disparaitre ? », *Revue de science criminelle*, 1996, p. 575.

demeure entièrement dévolu au bon vouloir du Roi. Cette conception de la grâce rejoint l'idée que se fait le Roi du système judiciaire : la fonction de justice au sein du royaume n'appartient qu'au Roi dont une partie seulement est déléguée aux parlements. En tant que dispensateur de justice, il dispose de la faculté d'intervenir à tout moment au cours d'une affaire pour en neutraliser les poursuites ou le procès, renforcer ou atténuer la sanction issue du jugement, voir annuler la condamnation prononcée. Il exerce alors une justice retenue dans le but de corriger les éventuels défauts de la justice déléguée. Plus précisément, il opère une distinction claire entre la punition et le pardon : aux tribunaux revient la première tandis qu'au Roi le second ; « les magistrats sont distributeurs de peines, le Prince est dispensateur de clémence[44] ».

L'appropriation personnelle du droit de grâce témoigne aussi de la souveraineté absolue qui s'y rattache. Celle-ci se traduit par les occasions choisies pour l'exercer. Ordinairement, le Roi adresse des lettres de rémission à la suite d'un évènement survenu à la Cour, tel que la naissance d'un enfant, son baptême ou son mariage. L'inauguration de son règne s'accompagne aussi de telles lettres. Une commission royale effectue alors un voyage en amont de la première campagne du Roi sur les routes de son royaume pour aller à la rencontre de ses sujets. Au cours de cette tournée, elle repère les condamnés susceptibles de recevoir son pardon. La visite du Roi dans une province génère également un accroissement du nombre des grâces. A ce titre, on observe des phénomènes d'anticipation dans le cadre d'« une relation directe et orale avec un pouvoir personnalisé, plutôt qu'une relation médiatisée et écrite avec une institution administra-

---

[44] *Ibid.*

tive anonyme[45] ». Les gens se rendent là où le Roi se trouve, certains se constituant même prisonniers au lieu-dit pour obtenir la grâce[46]. Bien évidemment, la grâce étant encore revêtue de son caractère religieux, les évènements catholiques constituent encore des opportunités idéales pour l'envoi de lettres de rémission : naissance du Christ, jour de Pâques, semaine sainte, etc.

Souverain, le droit de grâce l'est aussi en ce que le Roi décide de son étendue. Ainsi, par son ordonnance criminelle du 26 aout 1670, Louis XIV énumère plusieurs cas pour lesquels il n'est pas exercé : les duels, les assassinats prémédités, les tueurs à gage et autres hommes de main, les outrages contre les magistrats, etc.[47]

Une telle appréhension du droit de grâce n'est finalement pas partagée par tous les hommes du XVIIIe siècle. S'installe l'idée que la justice, qu'elle provienne du Roi ou des tribunaux, se définit par l'arbitraire. Cette idée est responsable, en

---

[45] NASSIET M. & MUSIN A., « L'exercice de la rémission et la construction étatique (France, Pays-Bas) », *Revue historique*, 2012, n°661, p. 18.

[46] Evoquons à titre d'exemple le cas de Jean Mosteau. Michel Nassiet et Aude Musin relatent ainsi que : « Jean Mosteau, demeurant au Loroux-Bottereau à 16 kilomètres de Nantes, a tué son ennemi le 30 septembre 1565. Or, le 10 octobre, Charles IX s'arrête coucher au Loroux avant de faire son entrée à Nantes le 12. Mosteau l'y précède pour se constituer prisonnier, est libéré le 12, et sa lettre de rémission, que sans doute il a pu se contenter de requérir par voie orale, lui est donnée le même mois. Il est infiniment probable que c'est le passage du roi qui suscitât chez le suppliant l'idée d'aller se constituer prisonnier. Cette démarche impliquait peu de risques, la requête de rémission était plus facile, et une issue favorable à peu près certaine : il était peu concevable que l'on revînt sur la démonstration qui avait été faite de la miséricorde du roi. D'autres cas de ce type sont perceptibles lors du voyage de Charles IX ». NASSIET M. & MUSIN A., *art. cit.* p. 17-18.

[47] Voir l'article 4 du titre XVI de l'ordonnance.

partie, de la Révolution de 1789 au cours de laquelle se produit un renversement de la conception de la souveraineté et, par ricochet, du droit de grâce.

B. Laïcisation et constitutionnalisation d'une faveur républicaine

Les révolutionnaires de 1789 cherchent à passer de « la transcendance à l'immanence de la puissance publique[48] ». Cette nouvelle vision du pouvoir se traduit par les dispositions de la Déclaration des droits de l'Homme et du citoyen, en particulier ses articles 3[49], 6[50] et 16[51]. Elle se matérialise à travers l'adoption de la Constitution des 3 et 4 septembre 1791 dont l'article 3 section première du chapitre II dispose qu' « il n'y a point en France d'autorité supérieure à celle de la loi. Le roi ne règne que par elle, et ce n'est qu'au nom de la loi qu'il peut exiger l'obéissance »[52]. En ce qui concerne le droit de grâce, la Révolution y met un terme par un décret du 4 juin 1791.

---

[48] RENAUT M.-H. « Le droit de grâce doit-il disparaitre ? », *art. cit.* p. 575.

[49] « Le principe de toute Souveraineté réside essentiellement dans la Nation. Nul corps, nul individu ne peut exercer d'autorité qui n'en émane expressément ».

[50] « La loi est l'expression de la volonté générale. Tous les Citoyens ont droit de concourir personnellement, ou par leurs Représentants, à sa formation [...] ».

[51] « Toute Société dans laquelle la garantie des Droits n'est pas assurée, ni la séparation des Pouvoirs déterminée, n'a point de Constitution ».

[52] On mentionnera utilement l'article 1 du Titre II qui dispose que « la Souveraineté est une, indivisible, inaliénable et imprescriptible. Elle appartient à la Nation ; aucune section du peuple, ni aucun individu, ne peut s'en attribuer l'exercice ».

Son abolition résulte des multiples critiques adressées à son encontre, en particulier celles émises par Cesare Beccaria dans son ouvrage *Des délits et des peines.*

D'après le célèbre juriste et philosophe, le droit pénal ne peut provenir du sacré, mais doit nécessairement être l'œuvre du législateur, entendu comme l'entité « représentant toute la société unie par le contrat social[53] ». Dans sa mission, il lui incombe d'être le plus clair possible pour éviter la violation des règles qu'il édicte, mais aussi de rechercher la proportionnalité entre l'infraction commise et la peine encourue. Ce qui doit le guider n'est pas la sévérité de la règle[54] mais l'infaillibilité du châtiment qui résulte de sa violation. Autrement dit, « ce n'est point par la rigueur des supplices qu'on prévient le plus sûrement les crimes, c'est par la certitude de la punition ; c'est par la vigilance du magistrat et par cette sévérité inflexible, qui n'est une vertu dans le juge qu'autant que la législation est douce. La perspective d'un châtiment modéré, mais auquel on est sûr de ne pouvoir échapper, fera toujours une impression plus vive que la crainte vague d'un supplice terrible, dont l'espoir de l'impunité anéantit presque toute l'horreur[55] ».

Si on va au bout de la logique de Beccaria, le droit de grâce devient inutile. Comme le résume Yvon le Gall, « la peine, nécessairement fixée par le législateur, correspondra au délit ou au crime, elle ne dépassera pas le degré de sévérité nécessaire, et elle devra être inévitable pour remplir son

---

[53] BECARRIA C., *Des délits et des peines*, Paris GF Flammarion, rééd. 2006 (édition originale : 1764).

[54] *Ibid* : « Parmi les peines et la manière de les infliger, il faut donc choisir celle qui, proportion gardée, doit faire l'impression la plus efficace et la plus durable sur l'esprit des hommes et la moins cruelle sur le criminel ».

[55] *Ibid.*

rôle social. Quel espace reste-t-il pour la grâce ?[56] ». Pis, elle présente un véritable danger en ce qu'elle fragilise la législation pénale, accroit l'impunité, sacrifie l'intérêt général pour un intérêt particulier et dénature la condamnation qui n'est plus perçue comme un acte de justice mais comme un acte de force.

L'absence du droit de grâce cause néanmoins quelques inconvénients. Afin de contourner la rigidité de sa législation pénale, le Corps législatif est contraint d'adopter des lois d'amnistie, à l'instar du décret du 14 septembre 1791 prévoyant l'amnistie de tous les révolutionnaires et contre-révolutionnaires sur demande du Roi Louis XVI, condition *sine qua non* de son acceptation de la constitution révolutionnaire.

Finalement, le droit de grâce est rétabli par le Sénatus Consulte du 16 thermidor an X[57] proclamant Napoléon Ier consul à vie, à son article 86[58]. La restauration monarchique le maintient : l'article 67 de la charte constitutionnelle du 4 juin 1814 prévoit que « le Roi a le droit de faire grâce, et celui de commuer les peines » tandis que celle du 14 aout 1830 retient la même formule à son article 58. Le rétablissement de la République à travers la Constitution du 4 novembre 1848 ne conduit pas non plus à la suppression du droit de grâce qui figure à son article 55. Mais un encadrement est prévu en ce que le président de la République « ne peut exercer ce droit qu'après avoir pris l'avis du Conseil d'Etat ». A la suite de l'avènement au pouvoir de Louis Napoléon Bonaparte, cet encadrement disparait avec l'article 9 de la Constitution du 14 janvier 1852.

---

[56] LE GALL Y., « Les lumières et le droit de grâce », *Littératures classiques*, 2006, n°60, p.295.

[57] 2 aout 1802.

[58] « *Le Premier consul a droit de faire grâce* ».

Après la chute du Second Empire, l'exercice de la grâce devient plus ambivalent. Dans l'attente du nouveau régime, un décret du 17 février 1871 nomme Adolphe Thiers « chef du pouvoir exécutif de la République française ». Reconduit dans ses fonctions par la loi Rivet du 31 aout 1871, il bénéficie du droit de grâce. Toutefois, son exercice est subordonné au consentement obligatoire d'une commission des grâces composée exclusivement de membres désignés par l'Assemblée nationale : la grâce, formellement accordée par le chef de l'Etat, l'est substantiellement par un Parlement « dépositaire de l'autorité souveraine[59] ». Par suite, l'article 3 de la loi du 25 février 1875 relative à l'organisation des pouvoirs dispose que le président de la République « a le droit de faire grâce » sous réserve que son acte soit « contresigné par un ministre ».

L'article 1er §6 de l'acte constitutionnel n°2 du 11 juillet 1940 fixant les pouvoirs du chef de l'Etat français fait du droit grâce une prérogative propre, dispensée du contreseing ministériel.

La IV République tente de rompre cette continuité de l'histoire constitutionnelle française faisant du droit de grâce une prérogative exclusive du chef de l'Etat. Le premier projet de sa Constitution ne rattache plus le droit de grâce au président de la République, mais le transfère au Conseil supérieur de la magistrature. Il s'agit d'un véritable dessaisissement car si le Président assure la présidence de ce Conseil, les décisions de ce dernier restent prises à la majorité des suffrages exprimés par les douze membres qui le composent : le Président ne dispose plus que d'une voix prépondérante en cas d'égalité des votes. Cette tentative n'aboutit pas en raison de son rejet par le référendum du 5 mai 1946.

---

[59] Formule issue du décret du 17 février 1791.

Le second projet de Constitution, adopté par le peuple le 27 octobre 1946, abandonne partiellement l'idée de rupture avec l'histoire constitutionnelle du droit de grâce : certes, le président de la République « exerce le droit de grâce », mais il ne peut le faire « qu'en Conseil supérieur de la magistrature » qu'il préside, conformément aux articles 34 et 35. La grâce retrouve son caractère personnel tout en perdant son caractère exclusif parce que son octroi requiert, au préalable, l'avis du Conseil supérieur de la magistrature.

Enfin, la Ve République témoigne de son indécision quant à la portée à donner au droit de grâce. Les travaux préparatoires à l'élaboration de la Constitution du 4 octobre 1958 indiquent que le Comité consultatif veut préserver la formule retenue par la Constitution du 27 octobre 1946. Le Conseil d'Etat recommande, dans son avis sur le projet de loi constitutionnelle, de supprimer le contreseing pour que le droit de grâce devienne un pouvoir propre du président de la République. Les débats parlementaires n'indiquent aucune réserve à l'égard du droit de grâce. Le dispositif retenu correspond à la conception que se faisaient les constituants de la fonction présidentielle.

Ainsi, sous l'histoire républicaine française[60], la grâce se rattache au chef de l'Etat en tant qu'entité constitutionnelle, et non plus en tant que personne souveraine déléguant de la puissance publique. Elle se dépersonnalise au profit d'une conception abstraite de l'Etat, lequel est finalement perçu comme une forme organisée des pouvoirs publics émanant de la souveraineté nationale qui s'exprime soit par l'intermédiaire de représentants du peuple, soit directement par voie référendaire. Cette mutation du droit de grâce est aujourd'hui actée par une décision du Conseil constitution-

---

[60] Exception faite au Gouvernement de Vichy.

nel qui rattache son exercice aux « conditions essentielles d'exercice de la souveraineté nationale[61] ».

§ 3 : La grâce, un droit actuel

La légitimité historique du droit de grâce n'empêche pas la formulation de critiques. Celles-ci se multiplient depuis la loi n°81-908 du 9 octobre 1981 portant abolition de la peine de mort, et sa constitutionnalisation par la loi constitutionnelle n°2007-239 du 23 février 2007 relative à l'interdiction de la peine de mort.

Lors de la campagne pour l'élection présidentielle de 2007, le thème de la grâce occupe une place importante des débats[62]. L'opinion publique semble moins disposée à admettre les grâces collectives perçues comme un facteur accroissant l'impunité. Il s'agit effectivement de faveurs accordées à des catégories de détenus visées de manière abstraite, le plus souvent à la veille de la fête nationale. Par ailleurs, la grâce amnistiante de Guy Drut met dans l'embarras la majorité soutenant le président de la République de l'époque, Jacques Chirac[63], mais aussi une large partie des citoyens français. Champion olympique en 1976[64],

---

[61] Décision n°98-408 DC du 22 janvier 1999, *Traité portant statut de la Cour pénale internationale.*

[62] Par exemple, voir : *AFP Infos Françaises*, « Sarkozy souhaite supprimer droit de grâce et amnistie », 11 juin 2006.

[63] Le Président de l'Assemblée nationale Jean-Louis Debré estime que le décret de grâce amnistiante de Guy Drut demeure « *une erreur fondamentale* ». Plus acerbe, le député Dominique Dort le qualifie de « *connerie monumentale* ». Voir PERRAULT G. & HUET S., « L'amnistie de Guy Drut sème le trouble à l'UMP », *Le Figaro*, 31 mai 2006.

[64] Mais aussi adjoint au maire de Paris chargé des sports entre 1985 et 1989, ministre délégué à la jeunesse et aux sports du Gouvernement Juppé, député de la cinquième circonscription de Seine et Marne sous la XIIe législature et maire de Coulommiers jusqu'en février 2008.

Guy Drut est condamné par le tribunal correctionnel de Paris le 26 octobre 2005 pour recel d'abus de confiance à une peine de quinze mois de prison avec sursis et cinquante mille euros d'amende dans le cadre de l'affaire des marchés publics d'Ile-de-France. Sur le fondement de l'article 10 de la loi du 6 mai 2002 portant amnistie[65], le Président Chirac décide de lui octroyer une grâce amnistiante. Celle-ci a pour effet, conformément aux dispositions du chapitre V de cette loi, et plus globalement à l'article 133-9 du Code pénal, d'effacer sa condamnation et d'entrainer l'entière remise de sa peine. De vives protestations naissent à la suite de cette décision plus politicienne que politique. Aussi, Nicolas Sarkozy, candidat à l'élection présidentielle de 2007, annonce-t-il son intention de supprimer le droit de grâce et l'amnistie s'il est élu.

Outre ces indications conjoncturelles, d'autres, plus substantielles, nourrissent le débat sur la grâce. Elle est de plus en plus perçue comme un droit désuet depuis l'abolition de la peine de mort, l'évolution de la politique pénale, l'augmentation des pouvoirs conférés aux juridictions d'application des peines, le développement du droit international pénal ou, encore, le souhait de l'opinion publique de vivre dans un Etat de droit où les individus et les gouvernants sont davantage responsabilisés.

Aux reproches théoriques répond une pratique de la grâce présidentielle en perte de vitesse. On constate une diminution des recours en grâce tout au long de la Ve Répu-

---

[65] « Le Président de la République peut admettre, par décret, au bénéfice de l'amnistie les personnes physiques poursuivies ou condamnées pour toute infraction commise avant le 17 mai 2002 […] dès lors que ces personnes n'ont pas, avant cette infraction, fait l'objet d'une condamnation à une peine privative de liberté pour un crime ou un délit de droit commun et qu'elles appartiennent à l'une des catégories ci-après […]. 6° Personnes qui se sont distinguées d'une manière exceptionnelle dans les domaines humanitaire, culturel, sportif, scientifique ou économique ».

blique : alors qu'en 1973 près de 27 000 recours sont présentés au bureau de l'exécution des peines et des grâces du ministère de la Justice, il n'y en a plus que 10 000 en 2000 et 7 000 en 2007[66].

C'est l'une des raisons pour laquelle, au lendemain de son élection le 6 mai 2007, le Président Sarkozy décrète la création d'un comité de réflexion et de proposition sur la modernisation et le rééquilibrage des institutions de la Ve République, dit « Comité Balladur »[67]. Dans la lettre de mission annexée au décret du 18 juillet 2007, il exprime la nécessité de réformer le droit de grâce : « le droit de faire grâce doit subsister, mais il ne me parait plus envisageable que l'exercice de ce pouvoir relève du seul président de la République ».

Le projet de loi constitutionnelle, déposé le 23 avril 2008 à l'Assemblée nationale, reprend l'essentiel des propositions émises par le Comité. En ce qui concerne la révision de l'article 17 de la Constitution, il indique, dans l'exposé de ses motifs, que cette réforme vise à insérer le droit de grâce dans une réflexion d'ensemble sur l'équilibre général des institutions et qu'elle concourt à rendre exemplaire la République française, notamment en cherchant à mieux respecter les décisions rendues par l'autorité judiciaire. Toutefois, la formulation retenue par le projet de loi n'est pas similaire à celle du Comité Balladur. Ce dernier suggérait le dispositif suivant : « le président de la République a le droit de faire grâce après que le Conseil supérieur de la magistrature ait émis un

---

[66] TURK P., « Le droit de grâce présidentiel à l'issue de la révision du 23 juillet 2008 », *Revue française de droit constitutionnel,* 2009, n°79, pp. 513-542.

[67] Décret n°2007-1108 du 18 juillet 2007 portant création d'un comité de réflexion et de proposition sur la modernisation et le rééquilibrage des institutions de la Ve République.

avis sur la demande[68] ». Le Gouvernement choisit plutôt cette formulation : « le droit de grâce s'exerce à titre individuel et après avis d'une commission dont la composition est fixée par la loi[69] ». Elle supprime l'avis du Conseil supérieur de la magistrature pour le remplacer par celui d'une commission *ad hoc* et ajoute expressément l'interdiction pour le président de la République de prononcer des grâces collectives.

Au cours des débats parlementaires, le Gouvernement fait quelques concessions, en particulier pour satisfaire le Sénat qui s'oppose à toute réforme de cet article. La chambre haute juge inopportun de conditionner une prérogative qui lui parait relever exclusivement et intimement de l'appréciation du président de la République. L'exécutif accepte, avec l'accord de sa majorité parlementaire, d'abandonner l'encadrement de l'exercice du droit de grâce par l'avis d'une commission spéciale. En échange, il demande que sa volonté concernant la délimitation de cette prérogative aux seuls cas individuels soit respectée. En définitive, l'article 17 de la Constitution issue de la révision du 23 juillet 2008 dispose que « le président de la République a le droit de faire grâce à titre individuel ».

Que retenir de cette révision constitutionnelle ? Ce qui est sûr, c'est qu'elle ne suscite pas l'enthousiasme de la doctrine. Xavier Prétot estime qu'« en précisant que le pouvoir de faire grâce s'exerce à titre individuel, la loi constitutionnelle du 23 juillet 2008 consacre une manière de pléonasme juridique, la nature intrinsèque de la mesure gracieuse [...] impliquant une appréciation *in concreto* de la situation d'une

---

68 *Ibid.*

69 Article 6 du projet de loi constitutionnelle n°820 de modernisation des institutions de la Ve République.

procédure exclusive de toute mesure à caractère général[70] » avant d'en conclure à « un résultat bien mince[71] ». De son côté, Jean Clause Zarka s'interroge sur un retour de la monarchie ou, du moins, sur un renforcement inquiétant du présidentialisme[72]. Kiara Neri estime que « cette consécration est sans doute plus le compromis entre les deux chambres du Parlement que l'expression d'une volonté claire du Constituant de montrer son attachement à cette prérogative du chef de l'Etat[73] ».

Le sentiment mitigé de la doctrine s'explique aussi par les questions restées en suspens. On pense à la pratique des grâces amnistiantes qui n'a fait l'objet d'aucun développement lors des débats parlementaires alors qu'elle avait suscité l'indignation de nombreuses personnalités à l'occasion de l'affaire Guy Drut. On pense aussi à l'instauration de conditions de fond auxquelles l'octroi de la grâce présidentielle aurait pu être subordonné. En effet, rien n'interdit à ce que le président de la République exerce cette prérogative en respectant des règles décrites dans la Constitution, comme ce fut le cas sous la IIe République[74]. De même, certaines infractions peuvent être mentionnées comme ne pouvant

---

[70] PRETOT X., « Le pouvoir de faire grâce : un réaménagement a minima », *Les petites affiches*, 2008, n°254, p. 27.

[71] *Ibid.*

[72] ZARKA J.-C., « La réforme du droit de grâce », *Gazette du Palais*, 2008, n°176, p.6.

[73] NERI K., « Le pardon de l'Etat. Etude de droit public », *Revue du droit public*, 2012, n°5, p. 1309.

[74] Article 55 de la Constitution du 4 novembre 1848 : le président de la République « a le droit de faire grâce, mais il ne peut exercer ce droit qu'après avoir pris l'avis du Conseil d'Etat. [...] Le président de la République, les ministres, ainsi que toutes autres personnes condamnées par la Haute Cour de justice, ne peuvent être graciés que par l'Assemblée nationale ».

faire l'objet d'une grâce présidentielle, à l'instar des crimes de guerre, des crimes contre l'humanité, des crimes de génocide ou, encore, des atteintes graves à la sûreté de l'Etat.

Encore aujourd'hui, l'opportunité de réformer l'article 17 de la Constitution fait débat. En vaut pour preuve la proposition de loi constitutionnelle relative à l'exercice du droit de grâce enregistrée à la présidence de l'Assemblée nationale le 12 septembre 2016. Présentée par le député Roger Gérard Schwartzenberg et quatorze autres députés du parti radical de gauche, elle souhaite inscrire dans la Constitution le rôle consultatif du Conseil supérieur de la magistrature pour les recours en grâce formés en matière pénale. Elle revient également à la rédaction antérieure de l'article 17 de la constitution en supprimant l'expression « à titre individuel », les grâces collectives étant perçues comme utiles tant pour le système pénitentiaire que pour les condamnés[75].

§ 4 : Plan

On dispose de peu de matière pour analyser la pratique du droit de grâce par le Président François Hollande. Celuici, lors de sa campagne électorale, a fait savoir son opposition de principe à l'emploi de cette prérogative et son attachement à une justice indépendante et responsable. Parmi ses soixante engagements, il a promis qu'il « [garantirait] l'indépendance de la justice[76] », qu'il « [interdirait] les inter-

---

[75] Roger-Gérard SCHWARTZENBERG et autres, *Proposition de loi constitutionnelle n°4029 relative à l'exercice du droit de grâce* : « Article unique. L'article 17 de la Constitution est ainsi modifié : « Le Président de la République a le droit de faire grâce. Le Président de la République consulte, pour avis, le Conseil supérieur de la magistrature sur les recours formés en matière pénale. » » A voir : http://www.assemblee-nationale.fr/14/propositions/pion4029.asp

[76] Engament n°53. Voir ici : http://www.liberation.fr/france/2012/01/26/les-60-engagements-de-hollande_791303

ventions du gouvernement dans les dossiers individuels[77] » et que « les peines prononcées [seraient] toutes effectivement exécutées[78] ».

Globalement, son mandat respecte ses promesses : il se caractérise par un recours quasi inexistant à l'article 17 de la Constitution, de sorte qu'à ce jour seuls trois exercices du droit de grâce sont connus.

Le premier concerne Philippe El Shennawy. Plus ancien détenu de France, il passe trente-huit ans en prison pour braquages. Durant sa détention, il obtient des diplômes de l'enseignement supérieur. Plusieurs personnalités issues d'horizons divers, magistrats, avocats, écrivains, sociologues, philosophes, syndicalistes ou encore sportifs, lancent un appel pour qu'il obtienne une grâce présidentielle. « S'en tenir à la lettre de la loi peut trahir l'esprit de la justice[79] » disent-ils. Et d'ajouter : « On ne devrait pas oublier que le but ultime de celle-ci n'est pas de punir et d'infliger des souffrances, mais, après avoir empêché les criminels de nuire, de les amener à réintégrer la communauté des citoyens. La prison n'a pas pour fonction de déshumaniser les individus qu'elle détient. Y garder quelqu'un pendant cinquante-quatre ans, ce n'est pas le corriger, c'est le détruire, le tuer[80] ». Le Président Hollande concède une grâce partielle supprimant la période de sûreté qui devait durer encore trois ans. Le tribunal d'application des peines accorde finalement une libération conditionnelle.

---

[77] *Ibid.*

[78] *Ibid.*

[79] AEBERHARD P. *et al.*, « Appel pour le détenu Philippe El Shennawy », *Le Monde*, 29 décembre 2012.

[80] *Ibid.*

Les deux autres exercices sont ceux relatifs à l'affaire Jacqueline Sauvage. Dans un premier temps, le Président Hollande octroie une grâce partielle, reproduisant l'action menée pour le détenu Philippe El Shennawy. Mais, face au refus du tribunal d'application des peines de lui accorder une libération conditionnelle, il ordonne sa sortie immédiate par l'intermédiaire d'une grâce totale épuisant le reste de sa peine.

L'utilisation très parcimonieuse du droit de grâce par son prédécesseur Nicolas Sarkozy ne surprend pas non plus. Il est à l'initiative de la révision constitutionnelle du 23 juillet 2008 qui a modifié en profondeur le dispositif de l'article 17 de la Constitution. A ce jour, on ne connait que le décret du 23 décembre 2008 graciant vingt-sept condamnés méritants, sur proposition de sa Garde des Sceaux, ministre de la Justice, Rachida Dati. La polémique suscitée par l'apparition du nom de Jean-Charles Marchiani dans la liste des bénéficiaires, préfet du Var, condamné à quatre ans de prison pour abus de biens sociaux et trafic d'influence et proche de Nicolas Sarkozy, détourne probablement le chef de l'Etat de réitérer l'expérience[81].

On ignore ce qu'Emmanuel Macron, huitième président de la République française sous la Ve République, pense du droit de grâce. Il n'a pas abordé le sujet au cours de la campagne présidentielle. Lors de son discours prononcé devant le Parlement réuni en Congrès le 3 juillet 2017, il a affirmé sa volonté d'« assurer l'indépendance pleine et entière de la justice ». Son arrivée au pouvoir reste encore trop précoce pour se faire une idée de sa conception de l'article 17 de la Constitution. Mais osera-t-il l'appliquer ? Eu égard aux tumultes qu'il provoque, ce serait indéniablement s'avancer sur des chemins glissants. Plus largement, les tendances récentes

---

[81] Voir : ROBERT-DIARD P., « La grâce présidentielle accordée à M. Marchiani provoque une polémique », *Le Monde*, 24 décembre 2012.

du droit de grâce amènent à s'interroger sur sa pertinence, son opportunité : n'est-il pas tombé en désuétude ? A défaut, qu'est-ce qui pourrait encore le justifier ? Sa continuité passe-t-elle alors par une nouvelle approche du droit de grâce, plus en phase avec les exigences contemporaines de l'Etat de droit et de la séparation des pouvoirs ?

Nous démontrerons que le droit de grâce est une prérogative qui tend à être de plus en plus encadrée. D'une part, parce que la nature juridique de la grâce, inconditionnelle et secrète, rend son emploi trop suspect vis-à-vis des modalités de mise en œuvre d'un Etat de droit moderne, notamment en raison de l'obligation de soumettre tous ses actes de l'exécutif au contrôle des juges. D'autre part, parce que le droit international, dans sa lutte contre l'impunité des crimes les plus graves, influence la conception des chefs d'Etat sur l'usage de cette prérogative (Titre 1).

Puis, nous établirons que le droit de grâce se retrouve de plus en plus concurrencé. Une concurrence organique parce que l'autorité judiciaire, s'appuyant sur une conception renouvelée de la séparation des pouvoirs, s'est bâtie comme un système prévoyant des mécanismes très efficaces pour résoudre les erreurs qu'il commet et limiter la formulation des recours en grâce. Une concurrence matérielle parce que le droit de l'application des peines s'est considérablement développé pour satisfaire les nouvelles fonctions attribuées à la peine et réduire la surpopulation carcérale, même si, de ce point de vue, nous nous demanderons s'il ne s'agit pas, en réalité, d'un retour subtil des anciennes grâces collectives (Titre 2).

PREMIERE PARTIE

LE DROIT DE GRACE, UNE PREROGATIVE DE PLUS EN PLUS ENCADREE

Les tendances du droit de grâce sous la Ve République témoignent d'un encadrement de plus en plus manifeste. Différentes limitations, issues de choix personnels, de règles morales ou de normes juridiques, en bordent l'usage. Par exemple, négativement, et bien avant notre époque, Louis XIV décide unilatéralement d'exclure du pardon d'Etat les auteurs d'infractions énumérées à l'article 4 du titre XVI de l'ordonnance criminelle du 26 aout 1670. Positivement, le Général de Gaulle s'oblige à gracier automatiquement les mineures et les femmes. Pour ces dernières, il justifie sa position de la sorte : « il y a quelque chose de sacré dans la femme. Elle peut devenir mère. Une mère, c'est beaucoup plus qu'un individu. C'est une lignée. Il faut respecter dans la femme les enfants qu'elle peut avoir […] C'est sur les femmes que repose le destin de la nation[82] ».

Dans cette partie, nous ne nous attarderons pas sur les choix personnels des présidents de la République successifs visant à conditionner leur droit de grâce. En revanche, nous aborderons les prescriptions exogènes, celles qui s'imposent à son exercice, indifféremment de sa volonté. Nous analyserons comment les normes juridiques ébranlent de manière substantielle la discrétion du chef de la Nation dans la mise en œuvre de l'article 17 de la Constitution.

Tout d'abord, nous nous intéresserons aux différentes évolutions réduisant la suspicion de l'opinion publique à l'égard du droit de grâce. En effet, la circoncision de son champ d'application aux seules condamnations pénales et militaires, ainsi que le rôle prééminent de la chancellerie dans l'instruction des recours en grâce, éloignent tout risque de despotisme et d'arbitraire au profit d'une meilleure prévisibilité de l'usage de cette prérogative. En outre, malgré des contrôles juridictionnels encore embryonnaires, le contre-

---

[82] PEYREFITTE A., *C'était de Gaulle*, Tome II, Paris, Edition de Fallois-Fayard, 1997, p. 599.

seing ministériel permet un contrôle politique subtil du droit de grâce pour l'enfermer dans un cadre constitutionnel protecteur des droits et libertés (Chapitre 1).

Ensuite, nous démontrerons l'impact positif du droit international sur l'utilisation de la grâce. Si l'on conçoit ce droit comme un ordre juridique respectueux de la souveraineté des Etats, tendant à de simples relations de coopération, l'admission de cette prérogative aussi régalienne qu'universelle s'accompagne, en parallèle, d'un ensemble de conventions ayant pour objet de régir les effets extraterritoriaux qu'elle est susceptible de déployer. Mais l'encadrement neutre du droit de grâce s'enrichit d'un encadrement plus moral, permis par le développement du droit international pénal, branche du droit international cherchant à lutter contre l'impunité des crimes les plus graves en adoptant une logique davantage corporative et intégrée des relations internationales (Chapitre 2).

Chapitre 1. La réduction de la suspicion à l'égard du droit de grâce

La fin des suspicions vis-à-vis du droit de grâce passe par une plus grande prévisibilité de son exercice (Section 1) et par l'influence toujours plus palpable du droit international sur les ordres juridiques nationaux, en particulier à travers son volet pénal (Section 2).

Section 1. Le renforcement de la prévisibilité dans l'exercice du droit de grâce

La limitation du droit de grâce aux seules condamnations pénales et militaires prévient l'ingérence de l'exécutif dans un nombre important de décisions de justice, préservant le domaine civil (§1). Quant à sa procédure qui se caractérise par la collaboration étroite de l'administration judiciaire, elle permet de réduire l'arbitraire, même si celle-ci doit encore devenir plus transparente pour satisfaire au mieux les impératifs de l'Etat de droit (§2).

§ 1. Un champ d'application circonscrit aux condamnations pénales et militaires

A la lecture de l'article 17 de la Constitution, une évidence s'impose : hormis la restriction du droit de grâce aux cas individuels, aucune limite ne vient encadrer son usage. Du point de vue constitutionnel, le champ d'application de la grâce semble donc infini. En cela, la Ve République ne rompt pas avec la tradition constitutionnelle française qui évite soigneusement de borner cette prérogative du chef de l'Etat[83]. Cela signifie-t-il que le président de la République puisse gracier un contribuable sanctionné par une amende fiscale ? Peut-il revenir sur une décision prononcée par le juge civil en matière familiale ou par le conseil des prud'hommes en matière sociale ?

Sous l'Ancien droit, ces questions reçoivent une réponse positive. En effet, le Roi gracie indépendamment de la nature de la décision juridictionnelle, selon qu'elle relève du droit civil ou du droit pénal.

En matière civile, le roi dispense pour corriger des décisions trop rigoureuses privilégiant le droit au détriment de l'équité. A ce titre, il adresse aux justiciables des lettres de répit ou de surséance pour leur donner un sursis dans le paiement de leur dette. D'autres lettres relèvent du pardon

---

[83] A l'inverse, certaines constitutions étrangères organisent l'exercice du droit de grâce. Par exemple, l'article 102 de la Constitution espagnole du 27 décembre 1978 interdit au Roi de gracier le président de la République et les membres du gouvernement condamnés pour trahison et autres délits contre la sûreté de l'Etat commis dans l'exercice de leurs fonctions.

civil comme les lettres de rescision[84] ou les lettres de bénéfice d'inventaire[85].

En matière pénale, il faut opérer une distinction selon que le recours en grâce est formé avant ou après la condamnation. Dans la première situation, le pardon royal atteint son degré le plus élevé : il supprime la peine encourue et peut éteindre les poursuites à l'égard de l'individu. Ce pardon se traduit par l'intermédiaire de trois types de lettres. La première est la lettre d'abolition : elle intervient en cas de crime susceptible d'entrainer une peine de mort et met fin immédiatement aux poursuites engagées ; dans ses effets, elle se confond avec l'amnistie. La seconde est la lettre de pardon : elle provoque les mêmes effets que la lettre d'abolition, mais pour les infractions autres que celles sanctionnées par la peine capitale. La troisième est la lettre de rémission. Cette grâce pénale est particulière en ce qu'elle s'applique dans les cas d'homicide involontaire ou commis en état de légitime défense. L'Ancien droit lie le pouvoir des juges en pareilles circonstances, leur condamnation devant conduire automatiquement à la peine de mort. Saisi d'une demande, le Roi peut alors éviter l'accomplissement d'une telle sentence.

Dans la deuxième situation, la grâce du Roi permet de réduire une peine, voire d'anéantir, partiellement ou totalement, les effets attachés à la condamnation. Par une lettre pour ester en droit, il supprime les effets accessoires attachés à la peine principale sans pour autant la supprimer ou l'alléger. Par une lettre de commutation, il remplace la peine en une sanction plus légère. Par une lettre de rappel de ban ou de galères, il interrompt l'exécution de la peine. Enfin,

---

[84] Qui permettent à une personne de retrouver sa situation initiale à la suite de l'annulation d'un contrat illégal conclu par dol ou violence.

[85] Qui annulent les dettes transmises par succession.

par une lettre de réhabilitation, le condamné retrouve son honneur et les biens qui lui avaient été confisqués.

La constitutionnalisation du droit de grâce participe à la volonté de réduire l'omnipotence d'un seul homme sur les effets des condamnations judiciaires. Par crainte de l'arbitraire pouvant résulter de l'existence d'un tel pouvoir, on cherche à l'encadrer. A ce propos, le débat sur les sanctions disciplinaires marque un tournant décisif dans l'exercice du droit de grâce.

Par une décision du 12 aout 1839, le ministre de la Justice de Louis Philippe annonce que « les mesures disciplinaires prises contre les officiers ministériels n'étant pas considérées comme des peines, il ne saurait y avoir lieu [...] à l'application du droit de grâce[86] ». Cette position est vivement critiquée par la doctrine. D'un point de vue organique, elle ne comprend pas comment un ministre peut s'approprier un pouvoir inconditionnel et exclusivement réservé au chef de l'Etat[87]. D'un point de vue matériel, elle estime que les sanctions disciplinaires font autant grief que les condamnations pénales. En vain : sur le fondement de cette décision, les ministres ultérieurs déclarent irrecevables tous les recours en grâce visant à contester une sanction disciplinaire.

---

[86] Citée par GOBRON L., « Le droit de grâce peut-il servir à remettre les peines disciplinaires », *Revue générale d'administration*, 1896, p. 6.

[87] L'ancien conseiller d'Etat Armand du Mesnil de s'exaspérer : « comment pourrions-nous oublier que cette même décision, controuvée, colportée dans les bureaux et les tribunaux, qui a provoqué ce résultat lamentable de faire rejeter, depuis soixante-dix ans, des recours que le président de la République pouvait légalement accueillir si les ministres s'étaient crus fondés à les lui soumettre ». Voir : DU MESNIL A., *Le droit de grâce et les peines disciplinaires. Interprétations, jurisprudences*, Paris, Libraire Hachette, 1897, p. 29.

La situation change par l'intermédiaire d'un avis du Conseil impérial de l'instruction publique[88] rendu le 7 juillet 1857. Le Conseil répond à la question de savoir si l'interdiction prononcée contre les instituteurs, en vertu de l'article 30 de la loi du 15 mars 1850, dite « Loi Falloux », peut être remise par voie de grâce[89]. Aussi, affirme-t-il que « le droit de grâce est une prérogative essentielle de la souveraineté et que la Constitution impériale ne lui assigne aucune limite[90] ». Il poursuit : « l'incapacité perpétuelle et générale dont elle frappe l'instituteur constitue une véritable peine, une sorte de dégradation en matière d'enseignement et qu'il n'est pas pour le condamné d'autre moyen que d'en être relevé que par la clémence du souverain ». Et de conclure : « Il n'importe pas moins de réserver, pour des cas possibles et dignes d'intérêt, l'accès du droit de grâce à l'instituteur frappé d'une condamnation qui atteint en même temps, sans limites et sans retour, l'exercice de la profession et la capacité

---

88 Il s'agit d'une institution créée par la loi du 15 mars 1850 relative à l'enseignement. Parmi ses missions, énumérées à son article 5, « il se prononce en dernier ressort sur les jugements rendus par les conseils académiques », lesquels statuent notamment « sur les affaires contentieuses relatives à [...] l'interdiction d'exercer la profession d'instituteur libre [...] et [...] sur les affaires disciplinaires relatives aux instituteurs primaires, publics ou libres » conformément à son article 14.

89 Article 30 de la loi du 15 mars 1850 : « Tout instituteur libre, sur la plainte du recteur ou du procureur de la République, pourra être traduit, pour cause de faute grave dans l'exercice de ses fonctions, d'inconduite ou d'immoralité, devant le conseil académique du département, et être censuré, suspendu pour un temps qui ne pourra excéder six mois, ou interdit de l'exercice de sa profession dans la commune où il exerce.

Le conseil académique peut même le frapper d'une interdiction absolue. Il y aura lieu à appel devant le Conseil supérieur de l'instruction publique.

Cet appel devra être interjeté dans le délai de dix jours, à compter de la notification de la décision, et ne sera pas suspensif ».

90 DU MESNIL A., *op. cit.* p. 46.

du citoyen[91] ». Sur le fondement de cet avis, de nombreuses grâces sont accordées à des enseignants ayant fait l'objet d'une sanction disciplinaire lourde, mais également à d'autres corps de métiers comme les magistrats, les avocats ou les officiers ministériels. Le domaine d'intervention du droit de grâce retrouve ainsi son origine illimitée.

Le bienfondé de cette situation est finalement questionné par deux sénateurs sous la IIIe République qui saisissent le Conseil d'Etat pour avis. Celui-ci prend une position ferme le 4 août 1892 où il condamne la pratique jusqu'alors en vigueur. Il souligne que « les mesures disciplinaires édictées pour la répression des fautes professionnelles, à raison de leur nature et de leur objectif, ne constituent pas des peines, et que les décisions qui interviennent en cette matière ne sont pas de véritables jugements, qu'ainsi elles ne sont pas susceptibles d'être remises par l'exercice du droit de grâce ». Cette interprétation est derechef critiquée par la doctrine qui reprend les arguments développés en 1839[92]. Toujours en vain : l'avis du Conseil d'Etat de 1892 exclut définitivement les sanctions disciplinaires de l'exercice du droit de grâce. Une décision du Conseil supérieur de la magistrature du 14 juin 1948, statuant en section disciplinaire, et qui conclut à l'irrecevabilité d'un recours en grâce formé par un avocat

---

[91] *Ibid.*

[92] Ainsi, Louis GOBRON s'indique : « quand une mesure comme la destitution d'un notaire ou l'interdiction du droit d'enseigner va jusqu'à priver le condamné de ses moyens d'existence et le réduire à la misère, peut-on dire que ce soit là une peine sans gravité ? Comment admettre une pareille affirmation quand il s'agit d'enlever à un membre de la Légion d'honneur le droit de porter les insignes d'une décoration qu'il a acquise au prix de toute une vie de labeur ou sur le champ de bataille, au péril même de ses jours ? » GOBRON L., *art. cit.*, p. 11.

suspendu pendant deux ans par le conseil de son ordre, atteste de la pérennité de cette mise à l'écart[93].

Aujourd'hui, la grâce présidentielle occupe deux domaines d'intervention. Le premier concerne les condamnations militaires. Il est justifié par l'article 15 de la Constitution qui attribue au Président le rôle de « chef des armées ». De surcroît, on trouve dans le code de justice militaire une disposition réglementaire indiquant que parmi les frais de justice imputables sur les crédits du budget du ministère de la Défense figurent « les frais d'enquête sociale et d'expertise engagés en matière d'exécution ou d'application des peines et en matière de grâces[94]».

Le second domaine touche aux sanctions pénales. A cet effet, l'article 133-7 du code pénal dispose que « la grâce emporte seulement dispense d'exécuter la peine ». L'article suivant ajoute qu'« elle ne fait pas obstacle au droit, pour la victime, d'obtenir réparation du préjudice causé par l'infraction ». Quant au code de procédure pénale, il précise à son article 720-2 relatif à la période de sûreté que « sauf s'il en est décidé autrement par le décret de grâce, la commutation ou la remise d'une peine privative de liberté assortie d'une période de sûreté entraine de plein droit le maintien de cette période pour une durée globale qui correspond à la moitié de la peine résultat de cette commutation ou remise ».

Aussi, le droit de grâce intéresse-t-il principalement les peines de droit commun prononcées par des juridictions pénales. Celles-ci sont de trois sortes.

---

[93] CSM, 14 juin 1948, 2031-S. 1948. Voir : PRETOT X., « Article 17 » *in* LUCHAIRE F., CONAC G., PRETOT X., *La constitution de la République française. Analyses et commentaires*, Paris, Economica, 3e édition, 2009.

[94] La nature de la grâce présidentielle en matière militaire est bien trop particulière pour que nous nous hasardons à proposer de plus amples observations.

Tout d'abord, un condamné peut former un recours en grâce pour commuer ou réduire une peine criminelle parmi celles prévues à l'article 131-1 du Code pénal. Il s'agit des réclusions criminelles ou des détentions criminelles supérieures à quinze ans. Ces peines s'accompagnent éventuellement d'une amende ou de peines complémentaires.

Viennent ensuite les peines correctionnelles visées à l'article 131-3 du Code pénal. Font partie de ces peines l'emprisonnement, la contrainte pénale, l'amende ou, encore, le travail d'intérêt général. On retrouve également des peines privatives ou restrictives de droits listées à l'article 131-6 du Code pénal, parmi lesquelles la suspension du permis de conduire pour une durée maximale de cinq ans ou l'interdiction d'entrer en contact avec la victime de l'infraction pendant une durée de trois ans au plus[95]. Enfin, en vertu de l'article 131-10 du Code pénal, les tribunaux répressifs disposent de la faculté d'assortir leur condamnation de peines complémentaires telles que l'interdiction, la déchéance, l'incapacité ou le retrait d'un droit, l'injonction de soin, la fermeture d'un établissement, etc.

La dernière catégorie de sanctions pénales renvoie aux peines contraventionnelles. Il s'agit principalement de l'amende dont le montant varie en fonction de la classification de la contravention et de la récidive : de 38 euros pour la première classe à 3 000 euros en cas de récidive d'une contravention de cinquième classe. D'autres peines contraventionnelles peuvent être prononcées, parfois cumulativement. Ainsi des peines privatives ou restrictives de droits énumérées à l'article 131-14 du Code pénal, de la sanction-réparation qui « consiste dans l'obligation pour le condamné de procéder, dans le délai et selon les modalités

[95] L'article 131-6 du Code pénal énonce quinze catégories de peines privatives ou restrictives de droits.

fixées par la juridiction, à l'indemnisation du préjudice de la victime[96] » et des peines complémentaires prévues aux articles 131-16 et 131-17 du Code pénal.

Le droit de grâce reste indifférent à l'égard du caractère juridique de la peine. Par conséquent, il s'attache aussi bien à la peine principale qualifiant l'infraction commise qu'aux éventuelles peines complémentaires qui s'ajoutent à la première et aux peines accessoires qui s'agrègent nécessairement à la peine principale en vertu de la loi. Etant « une modalité d'exécution de la peine privative de liberté[97] », l'objet de la grâce peut s'étendre à la période de sûreté. La grâce partielle accordée par François Hollande le 31 janvier 2016 à Jacqueline Sauvage supprime cette période.

Si la grâce accordée à un individu peut déployer ses effets sur plusieurs peines, il est par ailleurs possible qu'une même peine soit frappée de plusieurs grâces. Cette situation atypique apparait surtout en cas de superposition d'une grâce individuelle et d'une grâce collective. Par exemple, le militant syndicaliste José Bové est condamné pour destruction aggravée du bien d'autrui en récidive légale à une peine de six mois d'emprisonnement par la Cour d'appel de Montpellier le 20 décembre 2001. Le président de la République lui accorde néanmoins une remise gracieuse individuelle de deux mois d'emprisonnement, à laquelle s'ajoute une remise de peine de soixante-dix jours en vertu du décret de grâce collective du 9 juillet 2003[98].

---

[96] Selon la définition donnée par l'article 131-8-1 du Code pénal.

[97] Selon une jurisprudence constante de la chambre criminelle de la Cour de cassation. Pour des exemples récents, voir Ch. crim. 10 décembre 2014, n°14-83.130, *Bull. crim.*, n°268 ; 25 juin 2014, n°14-81.793, *Bull. crim.*, n°169. Confirmée par le Conseil constitutionnel dans sa décision n°86-215 DC du 3 septembre 1986, *Loi relative à la lutte contre la criminalité et la délinquance.*

[98] Voir question n°20279, *JO Assemblée nationale*, 18 aout 2003.

Pour l'instant, le régime coutumier de la grâce prohibe son octroi pour les peines d'une autre nature que pénale ou militaire. Ce qui signifie qu'*a priori* des peines telles que le retrait de points d'un permis de conduire, les décisions concernant l'autorité parentale ou, encore, les amendes fiscales et douanières ne peuvent être modifiées par voie de grâce. Mais, sous l'influence de la convention européenne de sauvegarde des droits de l'homme et des libertés fondamentales et de la jurisprudence de sa Cour, un doute se pose quant à l'agrandissement du périmètre des sanctions pénales. En particulier, l'article 6 de la Convention stipule que le droit à un procès équitable s'applique lorsqu'est en cause le « bien-fondé de toute accusation en matière pénale ». La Cour vient affiner le contenu de la matière pénale en proposant une méthodologie à partir de trois critères : la qualification donnée par le droit interne, la nature de l'infraction et la sévérité de la peine que la personne est susceptible d'encourir[99]. Sur le fondement de cette interprétation autonome, la Cour augmente considérablement le champ de la matière pénale. Deux domaines sont particulièrement concernés.

Tout d'abord, les sanctions administratives et fiscales sont présumées pénales depuis un arrêt du 21 février 1984[100]. Le retrait de points du permis de conduire [101] ou les majorations d'impôts[102] entrent désormais dans le volet pénal de la

---

99 CEDH 8 juin 1976, *Engel et autres c/ Pays Bas*, n°5100/71.

100 CEDH 21 février 1984, *Oztürk c/ Allemagne*, n°8544/79.

101 CEDH 23 septembre 1998, *Malige c/ France*, n°27812/95. Si avant cet arrêt, le juge administratif français estimait que de telles sanctions étaient administratives (CE 8 décembre 1995, *Mouvement de défense des automobilistes*, n°144160), il s'est depuis rallié à la position de la Cour (CE avis 27 septembre 1999, *Rouxel*, n°208242).

102 CEDH 24 février 1994, *Bendenoun c/ France*, n°12547/86. Le Conseil d'Etat (CE avis 5 avril 1996, *Houdmond*, n°176611) et la Cour de cassation (Ch. com. 29 avril 1997, n°95-20.001) ont rejoint l'interprétation de la Cour.

convention européenne de sauvegarde des droits de l'homme et des libertés fondamentales.

Ensuite, la « matière pénale » s'étend aux sanctions disciplinaires. L'affirmation la plus emblématique concerne la répression disciplinaire dans les établissements pénitentiaires par l'intermédiaire de cette expression fameuse : « la justice ne saurait s'arrêter à la porte des prisons[103] ».

Est-ce à dire que le débat sur les mesures de grâce relatives aux sanctions disciplinaires risque de se réouvrir ? Et, plus largement, leur domaine d'intervention est-il appelé à épouser le champ d'application de la matière pénale telle qu'interprétée par la Cour européenne des droits de l'homme ? Pour le moment, le débat reste ouvert, eu égard à l'usage parcimonieux du droit de grâce sous les Présidents Sarkozy et Hollande.

Toujours est-il que la grâce reste limitée à des condamnations de nature pénale, nonobstant l'interprétation plus ou moins souple qu'on en fait. Un tel bornage indique un rétrécissement réel de cette prérogative, provoquant la fin de l'omnipotence du chef de l'Etat sur les sentences juridictionnelles. Ce domaine d'intervention de la grâce, plus respectueux de la vision républicaine et constitutionnelle dans laquelle elle s'inscrit, est un premier pas dans la diminution de la suspicion qui l'entoure. Il devient moins arbitraire et plus prévisible. Un second chantier s'ouvre, plus laborieux, pour rendre le droit de grâce encore plus acceptable : il s'agit de son processus décisionnel.

---

[103] CEDH 28 juin 1984, *Campbell et Fell c/ Royaume Uni*, n°7819/77 et 7878/77, §69. Cette interprétation a reçu de fortes implications en droit interne, notamment par les célèbres arrêts du Conseil d'Etat sur les mesures disciplinaires en milieu carcéral. Voir : CE 17 février 1995, *Marie*, n°97754 ; 14 décembre 2007, *Boussouard, Planchenault et Payet*, n°290730, 290420 et 306432.

§ 2. Une décision prise en collaboration avec l'administration mais entachée par le secret

En principe, former un recours en grâce nécessite que la condamnation soit devenue définitive et exécutoire. Une condamnation est définitive lorsque le condamné ne peut plus effectuer de recours juridictionnel pour contester sa situation. Son caractère exécutoire implique que la peine fasse l'objet d'une véritable exécution. Aussi, en raison de l'effet suspensif produit par son pourvoi en cassation, et malgré son maintien en détention, l'individu ne peut bénéficier d'une grâce. C'est ce que juge la chambre criminelle de la Cour de cassation dans un arrêt du 20 octobre 1992. Un détenu forme un recours pour casser un arrêt rendu le 12 avril 1989 par la Cour d'appel de Chambéry qui le condamne à six ans d'emprisonnement. Ce pourvoi est rejeté par la haute juridiction judiciaire le 5 mars 1990. Entre temps, le 13 juin 1989, intervient un décret de grâce collective dont les dispositions s'appliquent aux condamnés frappés d'une peine prononcée au plus tard le 25 juin 1989 et devenue exécutoire avant le 7 juillet 1989. Si, dans un arrêt du 21 mai 1992, la Cour d'appel de Chambéry estime que ledit détenu peut bénéficier de la grâce collective, la Cour de cassation la désavoue en s'appuyant sur l'article 569 du code de procédure pénale[104] et en affirmant que « la condamnation [du détenu] n'est devenue exécutoire qu'à la date où la Cour de cassation a rejeté le pourvoi, soit le 5 mars 1990 ». Par conséquent, lorsqu'un décret de grâce collective accorde des remises aux condamnés dont la peine est devenue exécutoire à une date déterminée, celui qui a formé un pourvoi en cassation, ensuite rejeté après cette date, ne peut bénéficier de la mesure de grâce.

---

[104] En vertu duquel « pendant les délais du recours en cassation et, s'il y a eu recours, jusqu'au prononcé de l'arrêt de la Cour de cassation, il est sursis à l'exécution de l'arrêt de la cour d'appel ».

Dès lors que ces deux conditions préalables sont satisfaites, tout le monde peut former un recours en grâce : l'intéressé lui-même, mais aussi ses avocats, sa famille, ses amis, des personnes tierces[105]. Le président de la République s'autosaisit même de certaines affaires, court-circuitant alors la procédure ordinaire d'instruction des recours.

L'article D. 254 du code de procédure pénale prévoyait que « le comportement d'un détenu peut motiver de la part du juge de l'application des peines ou du chef d'établissement, après avis de la commission de l'application des peines, une proposition en vue [...] d'une mesure de grâce, soit à la suite d'un acte de courage et de dévouement, soit en fonction de la situation familiale ou professionnelle de l'intéressé ou de l'intérêt susceptible de présenter une telle mesure pour sa réinsertion ». Cette disposition réglementaire est maintenant abrogée[106], non pas pour limiter les voies de saisine du Président, mais pour alléger une réglementation trop bavarde, du moins inutile vis-à-vis d'un régime déjà très souple. Le recours en grâce est finalement remarquable par la *vox populi* qu'il autorise.

Le Code pénal indique à son article R. 133-1 que « les recours en grâce sont instruits par le ministre de la Justice après, le cas échéant, examen préalable par le ou les ministres intéressés ». Conformément au décret du 9 juillet 2008 relatif à l'organisation du ministère de la Justice, il appartient à la direction des affaires criminelles et des grâces d'instruire les recours en grâce[107]. Au sein de cette direction,

---

[105] Ainsi de la députée Maud Olivier pour obtenir la grâce de Jacqueline Sauvage.

[106] Par l'article 18 du décret n°2010-1635 du 23 décembre 2010 portant application de la loi pénitentiaire et modifiant le code de procédure pénale.

[107] Article 5 du décret n° 2008-689 du 9 juillet 2008 relatif à l'organisation du ministère de la Justice.

cette mission revient au bureau de l'exécution des peines et des grâces[108].

La procédure d'instruction est régie par des règles coutumières, fortes anciennes pour certaines. Le bureau de l'exécution des peines et des grâces transmet le dossier au Procureur général de la juridiction dans laquelle la personne a été condamnée. Invité à rendre un rapport sur la base des renseignements recueillis sur le détenu, il discute les arguments à charge et à décharge, donne son avis sur l'opportunité d'accorder une grâce et, le cas échéant, en précise les modalités. Le Procureur peut conclure à l'irrecevabilité du recours en grâce si une procédure d'aménagement de peine ordinaire aboutirait au même résultat.

Une fois le rapport remis au bureau de l'exécution des peines et des grâces, celui-ci juge souverainement de l'opportunité de transmettre le dossier au président de la République. Autrement dit, en disposant d'un pouvoir d'opportunité totalement discrétionnaire, il joue un rôle de filtre pour évaluer le bien-fondé des recours en grâce. La pratique qui en découle favorise l'émergence d'une véritable jurisprudence en la matière. En effet, les motifs de la grâce allant à l'abstraction, il se dégage des sortes de précédents au sens de la *common law* et une typologie des situations légitimant la clémence du Président[109]. Si la finalité première du

---

[108] Article 4 de l'arrêté du 17 juillet 2015 fixant l'organisation en bureaux de la direction des affaires criminelles et des grâces. Au titre de cet article, le bureau de l'exécution des peines et des grâces effectue d'autres tâches comme l'élaboration des recours en révision et l'élaboration des pourvois dans l'intérêt de la loi au nom du garde des Sceaux, suit et instruit les demandes en réexamen ou, encore, rédige les instructions générales de politique pénale adressées aux procureurs généraux dans les domaines de l'exécution et de l'application des peines.

[109] THERY Ph., *art. cit.*

bureau de l'exécution des peines et des grâces est de préserver la conscience du chef de l'Etat d'un trop grand nombre de demandes, son concours assure aussi l'unité et l'harmonisation d'une jurisprudence en matière gracieuse et rend conforme l'usage de cette prérogative aux principes les plus fondamentaux de notre démocratie.

On peut d'autant plus saluer l'intervention de cette administration qu'elle réussit à ternir une règle d'essence monarchique selon laquelle le droit de grâce ne se délègue pas.

Afin de renforcer les prérogatives royales vis-à-vis du clergé dans le domaine du pardon, l'ordonnance de Blois de mars 1498 dispose qu'« au roi seul appartient de faire grâce et rémission ». Sur son fondement, le Parlement de Paris déclare irrégulières les lettres de pardon rédigées par le Saint-Siège par un arrêt du 2 septembre 1567[110]. Cette règle est réitérée par un avis rendu par le Conseil d'Etat le 15 octobre 1946 à propos du projet de Constitution pour la IVe République : « le droit de grâce est une prérogative du chef de l'Etat qui l'exerce sans pouvoir en aucun cas le déléguer, explicitement ou implicitement[111] ».

Cette position devient bancale suite à l'édiction des nombreux décrets de grâce collective accompagnés de leurs circulaires d'application. La mise en œuvre concrète de ces textes incombe en définitive aux juges d'application des peines qui éprouvent les plus grandes difficultés à les interpréter. De ce fait, une jurisprudence spécifique, forgée par la chambre criminelle de la Cour de cassation, va servir de mode d'emploi complet des modalités d'attribution de la grâce présidentielle.

---

[110] JEANJEAN J., « Le droit de grâce », *Pouvoirs*, 1987, n°41, p. 151.

[111] CE avis 15 octobre 1946, avis n°239.308.

Aujourd'hui, l'intervention du bureau de l'exécution des peines et des grâces signe « la marque d'une collaboration ministérielle, modulant le côté absolu du pouvoir présidentiel[112] » ; de sorte que si caractère exclusif du droit de grâce il y a, celui-ci ne réside plus que dans la possibilité pour le président de la République de s'autosaisir d'une affaire.

Nous regrettons toutefois le secret qui voile la procédure. Nous en sommes d'ailleurs l'une de ses victimes : dans le cadre de cette recherche, il a été impossible d'obtenir des informations de la part des administrations compétentes malgré nos multiples relances. De fait, l'absence totale de communication à l'égard des chercheurs rend la production d'un travail académique étayé par des sources brutes quasiment irréalisable.

Mais plus encore, le secret lèse les personnes directement intéressées par la grâce. En effet, en se fondant sur la jurisprudence du Conseil d'Etat selon laquelle « la décision du président de la République rejetant un recours en grâce ne constitue pas un document administratif au sens de l'article 1er de la loi du 17 juillet 1978 » portant diverses mesures d'amélioration des relations entre l'administration et le public[113], la commission d'accès aux documents administratifs se déclare incompétente pour statuer sur la communication d'un décret de grâce présidentielle[114]. Elle prolonge son raisonnement en rejetant la demande tendant à la communication des dossiers d'instruction en ce qu'ils sont « inséparables » du décret présidentiel[115].

---

[112] JEANJEAN J., *art. cit.*, p. 153.

[113] CE 3 septembre 1997, *François*, n°173125, *Rec. Tables*. Désormais devenu l'article L.311-1 du code des relations entre le public et l'administration.

[114] CADA 5 septembre 2002, avis n°20023331.

[115] CADA 3 octobre 2002, avis n°20023986.

Lorsqu'une grâce est accordée, la victime ou ses avocats ne peuvent donc accéder ni aux éléments de son dossier d'instruction, ni au décret lui-même, ce qui accroit les sentiments d'impunité et d'injustice. Inversement, le refus d'une grâce par le président de la République ne rend compte d'aucune motivation, ce qui risque de placer le condamné dans l'incompréhension : comment expliquer que son recours n'ait pas été rejeté au stade de l'instruction par le Pro-Procureur général, qu'il ait perduré aussi longtemps au sein de la Chancellerie, qu'il ait fait naître de réels espoirs pour finalement obtenir une fin de non-recevoir sans justification ? Le caractère arbitraire du rejet des grâces empêche l'acceptation de la peine et réduit les possibilités de réinsertion du condamné. Afin d'y remédier, il serait peut-être opportun de lui permettre d'avoir au moins accès à son dossier d'instruction.

En matière de grâces collectives, la situation est un peu plus favorable : si les décrets restent toujours insusceptibles de faire l'objet d'une communication[116], leurs circulaires ministérielles d'applications sont des documents administratifs tombant sous les prescriptions de l'article 2 de la loi du 17 juillet 1978[117].

En somme, comme l'écrit Guy Carcassonne, « la discrétion est suspecte, la pudeur maladive, l'opacité illégitime, le secret monstrueux. Vivement que disparaissent les rideaux des fenêtres[118] ». A cet égard, le secret caractéristique du droit de grâce apparait comme l'une des dernières séquelles

---

[116] *Ibid.*

[117] *Ibid.*

[118] CARCASSONNE G., « Le trouble de la transparence », *Pouvoirs*, n°97, 2001, p.17.

du « secret maladif[119] » dont l'Etat était atteint il y a encore peu. Mais alors, qu'est-ce qui la justifie ?

Didier Girard apporte un premier élément de réponse : « en matière de grâce […], le choix des autorités est de maintenir le caractère confidentiel de ces actes afin de garantir la réhabilitation des prisonniers[120] ».

Plus globalement, la nature du secret entourant les grâces semble d'intérêt public. Avant qu'une mesure de grâce ne soit prise, il s'agit de préserver l'intégrité de la décision présidentielle. Certes l'opacité constitue un effet pervers de l'Etat, mais la transparence en est un autre si elle se transforme en un impératif démocratique absolu : elle exacerbe le principe de précaution, force les autorités publiques à rester prudentes et à prendre des demi-mesures. Comme l'explique Guy Carcassonne, une trop forte transparence des processus décisionnels politiques favorise l'intériorisation des enjeux et rend impossible leur éventuelle hiérarchisation. Dans le cadre de la grâce présidentielle, son caractère absolu et transcendant s'estompe. « Qu'importe alors si une opinion et une décision plus tranchées seraient plus justifiées, nul n'osera prendre le risque de seulement l'esquisser[121] ». Pis encore, l'excès de transparence risque de donner à la grâce un aspect contingent et relatif en ce qu'il aboutirait à une perte « de toute retenue lorsque seront évoquées les psychoses du moment, auxquelles il sera répondu par la surenchère, aboutissant à des mesures qui ne sont pas dictées par le bon sens et la rationalité, mais traduiront seulement en actes juridiques une exigence radicale, présumée seule susceptible de com-

---

[119] *Ibid.* p.17

[120] GIRARD D., « Le président de la République, une autorité juridictionnelle méconnue », *Revue de droit public*, 2013, n°3, p. 673.

[121] CARCASSONNE G., *art. cit.*, p. 21

plaire à l'opinion[122] ». De là à faire un parallèle entre le constat du Professeur Carcassonne et l'affaire Jacqueline Sauvage, il n'y a qu'un pas à franchir : les atermoiements du Président Hollande, d'abord en accordant une grâce partielle pour éviter de froisser l'autorité judiciaire, puis une grâce totale devant l'indignation de l'opinion publique suscitée par le manque d'empathie de cette même autorité, illustrent parfaitement la perte d'intégrité de la grâce présidentielle en raison d'une médiatisation trop importante.

Lorsque la grâce est octroyée, le droit de savoir au nom de la démocratie laisse place au droit de cacher au nom des droits et libertés, notamment la dignité de la personne humaine. Il s'agit de ne pas verser l'opprobre sur un individu envers qui le président de la République reconnait la trop grande sévérité de la justice et lui donne une occasion de réhabilitation.

Finalement, le régime du droit de grâce doit trouver un équilibre entre un secret nécessaire et une transparence vertueuse. D'une part, offrir aux principaux intéressés, à savoir la victime, le condamné et leurs avocats, la possibilité d'accéder aux dossiers d'instruction et au décret de grâce pour qu'ils puissent comprendre et accepter les décisions prises. De l'autre, communiquer davantage d'informations aux chercheurs pour faciliter la production de travaux de recherche de qualité sur cet objet. Il serait probablement même utile d'étendre ces communications à une partie de la société civile y ayant un intérêt pour améliorer les relations entre l'Etat et les citoyens, renforcer la confiance auprès du président de la République et de l'administration judiciaire, accroitre la responsabilité des différents intervenants dans la procédure et limiter le risque d'arbitraire.

---

[122] *Ibid.* p. 21

Section 2. Des contrôles politiques suppléant un contrôle juridictionnel inexistant sur l'exercice du droit de grâce

Depuis la loi du 25 février 1875 relative à l'organisation des pouvoirs, le décret de grâce est soumis au contreseing ministériel : si certains estiment qu'il n'a plus aucune valeur sous la Ve République et qu'il mériterait sa suppression, nous y voyons un moyen politique adroit pour conditionner les motifs de son adoption (§1). Toutefois, l'absence de contrôle de légalité sur ces actes de l'exécutif pose un problème délicat au regard des exigences d'un Etat de droit moderne (§2).

§ 1. Le contreseing ministériel sur le décret de grâce, une fiction juridique ?

Le droit de grâce fait partie des prérogatives les plus intimes du chef de l'Etat, certains le qualifiant comme étant « la chose du Président[123] ». Il est donc étonnant que l'article 17 de la Constitution ne soit pas mentionné dans la liste des pouvoirs propres du président de la République. En effet, conformément à son article 19, le droit de grâce fait partie de ses pouvoirs partagés.

En réalité, l'obligation du contreseing ministériel sur les décrets de grâce ne constitue pas une innovation de la Ve République.

Elle existe depuis l'Ancien Régime pour revêtir une fonction de certification de l'existence juridique de l'acte. Henry Leyret parle d'un « instrument d'exécution et de cachet d'authenticité[124] ». Quant à André Marie Jean Jacques Dupin,

---

[123] BOULOUIS L., « Article 19 », in LUCHAIRE F., CONAC G., PRETOT X., *op. cit.* p.578.

[124] LEYRET H., *Le président de la République : son rôle, ses droits, ses devoirs*, Paris, Armand Colin, 1913, p. 110.

il écrit qu'« après que le roi a signé, un de ses officiers ayant caractère pour cela signe contre [...] afin d'attester que l'acte a réellement été signé par le Roi[125] ».

Interrompue à la suite du retour de l'Empire, l'obligation de contreseing devient une obligation constitutionnelle avec la loi du 25 février 1875 relative à l'organisation des pouvoirs qui dispose à son article 3 que « chacun des actes du président de la République doit être contresigné par un ministre ». D'une fonction d'attestation, le contreseing se transforme en une « caution de tutelle[126] », c'est-à-dire une protection de l'immunité présidentielle par le ministre. Le contreseing permet de transférer la responsabilité politique du Président vers les ministres qui doivent rendre des comptes devant le Parlement.

L'article 38 de la Constitution du 27 octobre 1946 précise que « chacun des actes du président de la République doit être contresigné par le président du Conseil des ministres et par un ministre ». S'opère une nouvelle transformation : la nature de la responsabilité politique issue du contreseing passe de ministérielle à gouvernementale. Ce n'est plus au ministre seul contresignataire du décret du président de la République de se justifier devant les représentants du peuple, mais c'est au gouvernement dans son ensemble de le faire, par l'intermédiaire du membre contresignataire avec le président du Conseil, en vertu du principe de la collégialité gouvernementale.

Le dispositif du contreseing prévu sous la Ve République nomme expressément les contresignataires du décret de grâce. L'article R.133-2 du Code pénal prévoit la contresignature du Premier ministre, conformément à ce qui est

---

125 DUPIN A.-M.-J.-J., *Lois sur les lois*, Paris, 1817, cité par : BOULOUIS L., *art. cit.*

126 LEYRET H., *op cit.* p. 111.

prévu par la Constitution, ainsi que celle du « ministre de la Justice et, le cas échéant, [du ou des] ministres ayant procédé à l'examen préalable du recours ». Dès lors, le ministre de la Défense peut participer à l'instruction d'un recours en matière de sanction militaire et apposer sa signature en cas de grâce accordée. De même, il est tout à fait envisageable que le ministre des Affaires étrangères contresigne un décret de grâce lorsque celui-ci s'habille d'un caractère diplomatique[127].

Toutefois, en matière de grâce, et ce malgré l'héritage des IIIe et IVe Républiques, il parait difficile de justifier le contreseing ministériel sur le fondement de la garantie qu'il apporte à la représentation nationale de demander des comptes au Gouvernement.

En effet, il est de coutume que le Parlement ne s'intéresse pas aux affaires de grâce présidentielle. Sous la IIIe République, l'Assemblée nationale s'interdit elle-même d'apprécier l'opportunité de tels actes. Lors d'une discussion au sein de l'hémicycle, le député Dumay interpelle le Gouvernement pour recevoir des explications sur les motifs ayant conduit à la remise gracieuse de deux ans d'emprisonnement du Duc d'Orléans, entrainant sa libération immédiate. Selon lui, il aurait fallu aviser au préalable l'Assemblée pour qu'elle puisse donner son avis. Mais le parlementaire Louis Jourdan défend le comportement de l'exécutif en prononçant ses mots : « il ne nous appartient

---

127 Il est possible que l'octroi d'une grâce forme un instrument de politique internationale. Par exemple, la remise de peine de quatre ans et huit mois accordée par le Président Chirac à Omar Raddad serait le fruit d'une négociation avec le Roi marocain Hassan II. Voir SMITH S., « Chirac offre la grâce partielle d'Omar Raddad à Hassan II », *Libération*, 11 mai 1996.

point d'apprécier une décision prise par Monsieur le président de la République dans la plénitude de son droit[128] ».

Cette règle est réitérée puis formalisée sous la Ve République à travers une réponse à une question écrite du parlementaire Michel Pelchat au sujet de deux élus socialistes de l'île de la Réunion graciés par le Président Mitterrand. Le garde des Sceaux Pierre Arpaillange répond qu'« aucun texte ne limite le droit de grâce du président de la République, qui apprécie souverainement l'opportunité d'accorder ou de ne pas accorder une grâce. Nul ne peut lui demander compte de l'usage qu'il fait de cette prérogative qu'il tient de la Constitution[129] ».

L'absence de responsabilité politique en matière de grâce en amène certains à dénoncer l'inutilité du maintien du contreseing. Ils rejoignent la position du Conseil d'Etat décrite dans son avis de 1958 à propos du projet de Constitution selon lequel le décret de grâce mériterait d'être libéré de l'obligation de contreseing. Didier Girard avance une justification téléologique de son existence : elle n'apparait que dans la continuité « avec les solutions adoptées par les régimes antérieurs[130] ». Et Marie Hélène Renaut de conclure qu'« il est étonnant que le chef de l'Etat doive faire avaliser par le Premier ministre une décision qui n'engage que la responsabilité morale de celui qui est le seul maitre de la décision finale[131] ».

---

128 Compte rendu de la séance du jeudi 5 juin 1890, *JO Assemblée nationale*, 6 juin 1890, p. 957.

129 Réponse ministérielle n°3870 à Michel Pelchat, *JO Assemblée nationale, Questions écrites et réponses des ministres*, 28 novembre 1988.

130 GIRARD D., *art. cit.* p. 133.

131 RENAUT M.-H., « Le droit de grâce doit-il disparaitre ? », *art. cit.* p. 575.

Si nous partageons l'analyse en vertu de laquelle le contreseing sur les décrets de grâce ne revêt pas la portée qui lui est normalement due, nous estimons qu'il joue un rôle essentiel au sein de l'exécutif.

Pour Nicolas Boulouis, le contreseing institue un instrument de négociation débouchant sur un accord de volonté politique. « L'obligation de contreseing oblige les deux têtes de l'exécutif à s'accorder sur un « *modus vivendi* » et à régler par la négociation la solution de leurs éventuels rends[132] ». Par exemple, le Général Jouhaud, auteur avec trois autres généraux du Putsch d'Alger entre le 22 et le 25 avril 1961, est condamné à mort par le haut tribunal militaire. Le Président de Gaulle refuse dans un premier temps de lui accorder une grâce. Mais, sous la pression de son Premier ministre Georges Pompidou et de son Garde des Sceaux Jean Foyer, il fléchit sa position et le gracie[133]. De même, en période de cohabitation, le contreseing peut devenir un véritable outil d'arrangement politique. Ainsi, sur les antennes de la Radio Europe 1, le Président Mitterrand explique : « j'userai du droit de grâce si j'en ai la conviction intime, donc en conscience. Je dis également que, si le Gouvernement me le demandait formellement pour l'heureux aboutissement de sa politique, j'examinerais cette tion[134] ». Bien que François Mitterrand soutienne que le droit de grâce reste une prérogative par essence présidentielle, il ne ferme pas à la porte à d'éventuelles négociations avec son Premier ministre de l'époque, Jacques Chirac, pour des cas précis.

---

[132] BOULOUIS N., *art. cit.* p. 581

[133] Voir FREYSSINIER A., *op. cit.*, p. 149 et s. ; SUDREAU P., *Au-delà de toutes les frontières*, Paris, Odile Jacob, 1991, p. 151 et s.

[134] MITTERAND F., Radio Europe 1, 9 décembre 1986. Cité par JEANJEAN J., *art.cit.*, p. 152.

Le contreseing met également à l'abri le président de la République de la commission d'erreurs manifestes[135]. Il cherche à « le préserver des excès du pouvoir personnel, lui enlever la tentation de commettre des actes d'arbitraire ou d'illégalité, lui interdire de sortir de sa sphère par la violation du contrat social dont il est le détenteur et le régulateur[136] ».

Cette dernière fonction du contreseing est à mettre en relief avec les prescriptions de l'article 5 de la Constitution en vertu desquelles « le président de la République veille au respect de la Constitution ». Aussi, le contreseing facilite-t-il l'autocontrôle politique exercé par le chef de l'Etat de son droit de grâce. Conformément aux principes qui jugulent notre loi fondamentale, ses décisions ne doivent pas porter atteinte aux droits et libertés. En particulier, l'octroi d'une grâce est subordonné à des impératifs aussi solennels que la prohibition de l'arbitraire[137], la nécessité des peines[138] ou, encore, le respect des traités internationaux[139]. Pour reprendre les termes d'Anne Freyssinier, le président de la République ne peut « se comporter en homme de parti et accorder grâce en fonction d'opportunités politiciennes, mais selon une véritable équité répressive[140] ». Plus directement, Didier Girard estime que l'habilitation constitutionnelle at-

---

[135] Voir par exemple : HAURIOU M., « Un décret de grâce constitue un acte de gouvernement non susceptible d'être déféré au Conseil d'Etat par voie contentieuse », Note sous Conseil d'Etat, 30 juin 1893, *Gugel*, S. 1895.3.41, *Revue générale du droit*, 2014, n°14822. Voir ici : www.revuegeneraledudroit.eu/?p=14822.

[136] LEYRET H., *op cit.* p. 112.

[137] Article 7 de la Déclaration des droits de l'homme et du citoyen du 26 aout 1789.

[138] *Ibid.* Article 8.

[139] Article 5 de la Constitution.

[140] FREYSSINIER A., *op. cit.*, p. 145.

tribuée au chef de l'Etat « lui impose que [l'usage de son droit de grâce] ne remette pas en cause les fondements de la répression pénale, qui relève des prérogatives du Parlement et du Gouvernement, l'indépendance des juridictions ainsi que le principe de l'égalité des justiciables devant la loi répressive[141] ».

Par conséquent, le contreseing ministériel n'apparait nullement comme une fiction juridique. S'il ne joue aucun rôle dans le transfert de responsabilité politique du président de la République vers le Gouvernement, il invite le premier à rendre conforme l'exercice de son droit de grâce aux règles inscrites dans le bloc de constitutionnalité. Mais pour que cette convocation devienne une véritable contrainte juridique, il faut que la juridiction administrative parvienne à opérer un contrôle de légalité des décrets de grâce.

§ 2. L'attitude timorée de la juridiction administrative à l'égard du contrôle des décrets de grâce

Depuis toujours, le juge administratif refuse de connaitre du contentieux de la légalité des décrets de grâce. Par un arrêt du 16 mai 1890, il considère que les questions qui relèvent du droit de grâce « ne sont pas de nature à être portées devant la juridiction contentieuse[142]». En l'espèce, Monsieur de Condinguy demande au Conseil d'Etat d'annuler un arrêté du 18 mars 1885 par lequel le Conseil du contentieux administratif des établissements français dans l'Indre a rejeté sa requête tendant à faire surseoir au paiement d'une amende à laquelle il a été condamné par le juge répressif le temps que son recours en grâce parvienne au président de la République.

---

[141] GIRARD D., *art. cit.* p. 133.

[142] CE 16 mai 1890, *De Condinguy*, n°65537, Rec. p. 946.

Trois ans plus tard, le juge administratif réitère sa position dans une affaire originale. Le soldat Gugel est condamné à mort par le Conseil de guerre de Brest pour voie de fait envers un supérieur hiérarchique à l'occasion du service. Son recours en grâce est accepté par le président de la République qui décide de commuer sa peine de mort en une peine à vingt ans de travaux forcés et vingt ans d'interdiction de séjour. Contre toute attente, Monsieur Gugel conteste devant la juridiction administrative sa grâce en ce qu'elle aggraverait sa situation : elle ajoute, en plus d'une peine afflictive (la condamnation à mort commuée en travaux forcés) une peine infamante (l'interdiction de séjour). Le Conseil d'Etat rejette son recours en se fondant sur le critère organique au motif que « les actes accomplis par le chef de l'Etat dans l'exercice du droit de grâce ne sont pas susceptibles d'être déférés au Conseil d'Etat par la voie contentieuse ».

A la suite de cet arrêt, la doctrine cherche à comprendre la qualification à donner à la nature juridique du décret de grâce. Dans sa note, Maurice Hauriou estime que l'incompétence du Conseil d'Etat s'explique par le fait qu'il s'agit d'un acte de gouvernement[143]. Au contraire, le conseiller d'Etat Le Vasseur de Précourt avance son caractère hybride, à la fois d'ordre gouvernemental et d'ordre judiciaire[144]. Gaston Jèze parle d'un « acte juridique de contenu variable [...], complexe, créant ou amenant des situations juridiques diverses[145] ». Léon Duguit écrit dans un premier temps que « l'exercice du droit de grâce est un acte de juri-

---

143 HAURIOU M., *art. cit.*

144 LE VASSEUR DE PRECOURT, « note de jurisprudence sous CE 30 juin 1893, Gugel », *Revue générale d'administration*, 1893, n°3, p. 54.

145 Jèze G., « Du retrait des actes juridiques », *Revue du droit public*, 1913, p. 286-287.

diction[146] » avant d'admettre son erreur et d'affirmer qu'il s'agit d'un acte administratif pris par un organe politique[147]. Adhémar Esmein y voit un acte de nature législative[148].

Face aux divisions de la doctrine suscitées par une motivation sibylline du juge administratif, ce dernier présente une nouvelle justification pour écarter à nouveau un recours dirigé contre un décret de grâce. Il se place alors sur le critère matériel en considérant que « les décisions que le chef de l'Etat est appelé à prendre dans l'exercice du droit de grâce dont dépend l'exécution des peines infligées par des juridictions de l'ordre judiciaire ne peuvent pas être regardées comme des actes émanant d'une autorité administrative et ne sont pas par suite au nombre des actes dont le contrôle relève du Conseil d'Etat[149] ». Il confirme la pérennité de son raisonnement dans un arrêt *François* du 3 septembre 1997.

Le Conseil d'Etat s'inscrit finalement dans la continuité de la jurisprudence du Tribunal des conflits *Préfet de la Guyane* qui opère une distinction entre le fonctionnement et l'organisation du service public de la justice : que l'acte émane d'un organe judiciaire ou d'un organe exécutif, il ne revient pas à la juridiction administrative de connaitre d'une décision relative à la fonction juridictionnelle[150]. Le Tribunal des conflits juge qu'il en est de même lorsque l'acte touche à la nature et aux limites d'une peine infligée par une juridic-

---

146 DUGUIT L., *Traité de droit constitutionnel*, Paris, De Boccard, Tome 1, 1927, p. 215.

147 DUGUIT L., *Traité de droit constitutionnel*, Paris, De Boccard, Tome 2, 1928, p. 250 et s.

148 ESMEIN A., *Eléments de droit constitutionnel français et comparé,* Paris Sirey 6e édition, 1914.

149 CE 28 mars 1947, *Gombert*, Rec. p. 138.

150 TC 27 novembre 1952, *Préfet de la Guyane*, n°01420, Rec. p. 642.

tion judiciaire[151]. Eu égard au périmètre de sa compétence, le Conseil d'Etat rejette alors pour incompétence un recours tendant à contester la décision d'un juge de l'application des peines[152] ou celle du ministère public en matière de libération conditionnelle[153]. Il ferme même sa compétence aux recours contestant la légalité d'une circulaire d'application d'un décret de grâce collective au motif qu'elle « est exclusivement relative à l'incidence de ce décret sur les limites de peines prononcées par des juridictions répressives et en cours d'exécution[154] ».

La nature juridique du décret de grâce s'établit donc négativement : il ne saurait être un acte administratif puisqu'il touche à la nature et aux limites d'une peine prononcée par une juridiction pénale, quand bien même il émanerait d'une autorité administrative. Comme l'explique Didier Girard, « la qualification d'acte administratif [...] impliquerait que l'administration qui est soumise à la loi et contrôlée par le juge pourrait s'immiscer par ce biais dans la fonction juridictionnelle en faisant obstacle à l'exécution d'une décision de justice définitive[155] ».

Convié par le juge administratif à statuer sur la légalité des décrets de grâce, le juge judiciaire ne souhaite pas le faire en raison de son office. En revanche, il soutient l'idée selon laquelle le décret de grâce constitue une modalité d'exécution de la peine, produisant les mêmes effets que son exécution

---

[151] TC 22 février 1960, *Fargeau d'Epied*, Rec. p. 855.

[152] CE sect. 9 novembre 1990, *Théron*, n° 101168, Rec. p. 313.

[153] CE sect. 4 novembre 1994, *Korber*, n° 157435, Rec. p. 489.

[154] CE 30 juin 2003, *Observatoire international des prisons, section française*, n° 244965.

[155] GIRARD D., *art. cit.* p. 133.

normale[156]. En cela, il rejoint la position du Conseil d'Etat et de la doctrine quant à la nature juridique d'acte de grâce.

Compte tenu de l'évolution de notre société et des exigences toujours plus accrues pour préserver les droits et libertés constitutionnellement garantis, nous ne pouvons nous satisfaire de cette absence de tout contrôle juridictionnel sur l'exercice du droit de grâce. Comme le déplore Kiara Néri, « le décret de grâce fait […] partie des actes qui vont à l'encontre de la logique de l'évolution du droit public, accéléré par l'influence du droit européen, vers une meilleure proprotection de l'Etat de droit[157] ». En l'état actuel des choses, le contrôle politique auto-exercé par le Président demeure clairement insuffisant pour que les citoyens aient une entière confiance dans les grâces présidentielles[158]. Que pouvons-nous proposer pour jeter d'éventuelles bases à un prochain contrôle juridictionnel ?

Une première solution serait d'envisager le décret de grâce comme un acte détachable du fonctionnement du service public de la justice. Si le principe veut que le contrôle de la légalité des actes d'exécution des jugements rendus par les juges répressifs échappe à la compétence du juge administratif[159], il souffre de nombreuses exceptions. Le juge

---

[156] Ch. crim 5 juillet 1983, n° 83-91.309.

[157] NERI K., *art. cit.* p. 1309.

[158] L'absence de contrôle juridictionnel sur les décrets de grâce ne constitue pas une exception française. Il s'agit même du standard européen. A ce propos, un arrêt de la Haute Cour de cassation roumaine résume bien la conception partagée par la majorité des juridictions pour écarter tout contrôle de légalité : il ferait perdre à la grâce sa raison d'être qui est de rester inconditionné pour répondre à des situations extraordinaires et mal appréhendées par le service public de la justice.

[159] TC 27 novembre 1952, *Préfet de la Guyane*, n°01420, Rec. p. 642. Voir le commentaire n°64 dans BRAIBANT G., DELVOLVE P., GENEVOIS B., LONG M. & WEIL P., *Les grands arrêts de la jurisprudence administrative*, Paris, Dalloz, 20e édition, 2015.

administratif s'est reconnu compétent très tôt pour contrôler une décision de refus de concourir à la force publique pour permettre l'exécution d'un jugement[160]. Il a également ouvert son prétoire à un nombre élevé d'actes relevant du fonctionnement du service pénitentiaire à la suite du célèbre arrêt *Marie* du 17 février 1995[161] : les fouilles corporelles intégrales[162], les placements à l'isolement[163], les modalités essentielles de l'organisation des visites[164] ou, encore, les inscriptions sur le répertoire des détenus particulièrement signalés[165].

Il a également considéré que les grâces prises sur le fondement d'une loi d'amnistie constituent des actes détachables de l'exécution d'une décision de justice, ce qui autorise alors son contrôle[166]. Le Conseil d'Etat se justifie en avançant le rôle de gardien qui lui revient de la conformité des actes administratifs avec la loi. Pourquoi n'irait-il pas plus loin en esquissant un contrôle de constitutionnalité du décret de grâce ? Le pas à franchir n'apparaît pas démesuré, d'autant qu'on sait qu'il a déjà accepté d'élargir ses nomes de référence au bloc de légalité à l'égard de nombreux actes

---

[160] CE 30 novembre 1923, *Couitéas*, n° 38284 & 48688, Rec. p. 789.

[161] CE Sect. 17 février 1995, *Marie*, n°97754, Rec. p. 83.

[162] CE, 14 novembre 2008, *M. E. S*, n°315622.

[163] CE, 17 décembre 2008, *SFOIP*, n°293786.

[164] CE, 26 novembre 2010, *ministre d'Etat, Garde des Sceaux, ministre de la Justice c/ M. Hervé A.*, n°329564.

[165] CE Sect., 30 novembre 2009, *Garde des Sceaux, ministre de la Justice c/ M. Ali A.*, n° 318589.

[166] CE 24 novembre 1961, *Electricité de Strasbourg*, Rec. p. 660 ; 22 novembre 1963, *Dalmas de Polignac*, Rec. p. 565.

administratifs[167], y compris les décrets transposant des directives de l'Union européenne[168].

A défaut d'une politique jurisprudentielle osée de la part du Conseil d'Etat, les constituants peuvent résoudre le problème. Ceux de 2008 ont eu la possibilité d'introduire un véritable contrôle juridictionnel sur les décrets de grâce en instituant une commission des grâces *ad hoc*. Mais ils ont refusé de suivre la proposition du Gouvernement. Revenons sur cet épisode pour saisir les raisons de cette occasion manquée.

L'idée première de la révision de l'article 17 de la constitution du 23 juillet 2008 est de mettre en place une commission *ad hoc* chargée d'encadrer l'exercice du droit de grâce. Le Gouvernement, auteur du projet de loi constitutionnelle, propose au pouvoir constituant de modifier la nature du droit de grâce en délaissant une conception traditionnelle, en tant que pouvoir d'origine monarchique, pour en faire un acte de droit commun de l'exécutif, soumis à une procédure de contrôle administrativo-juridictionnel, plus soucieuse de la lecture contemporaine de la notion de séparation des pouvoirs qu'en fait la société[169].

Les promoteurs de cette commission s'appuient sur une histoire républicaine du droit de grâce qui démontre que son

---

167 CE Ass. 11 juilet 1956, *Amicale des annamites de Paris*, n°26638, Rec. p. 317.

168 CE Ass. 8 février 2007, *Société Arcelor Atlantique et Lorraine*, n° 287110, Rec. p. 55.

169 Pour paraphraser la formule d'Etienne Vergès : « d'un droit exorbitant à caractère politique, la grâce aurait mué en procédure exceptionnelle d'aménagement de la peine à caractère semi-administratif ». Voir : VERGES E., « Article 7 de la loi constitutionnelle n°2008-724 du 23 juillet 2008 de modernisation des institutions de la Ve République : réflexions sur la nature et la fonction de la grâce présidentielle », *Revue de science criminelle*, 2008, p. 952.

exercice est pleinement compatible avec un encadrement. La Constitution du 16 thermidor an X précise à son article 86 que le Premier consulte ne peut l'exercer « qu'après avoir entendu, dans un conseil privé, le grand-juge, deux ministres, deux sénateurs, deux conseillers d'Etat et deux juges du Tribunal de cassation ». La Constitution du 27 octobre 1946 dessaisit même partiellement le président de la République de son droit de grâce en affirmant, à son article 35, que « le président de la République exerce le droit de grâce en Conseil supérieur de la magistrature ».

L'encadrement du droit de grâce peut également se concilier avec les institutions de la Ve République. En effet, l'ancien article 65 de la Constitution du 4 octobre 1958 prévoyait que le Conseil supérieur de la magistrature soit « consulté sur les grâces dans les conditions fixées par une loi organique ». L'article 16 de l'ordonnance n°58-1271du 22 décembre 1958 portant loi organique sur le Conseil supérieur de la magistrature contraignait même le président de la République à le consulter sur les recours en grâce relatifs aux peines capitales. Pour les autres peines, la consultation du Conseil restait facultative, même si celui-ci pouvait « déléguer l'un de ses membres pour prendre connaissance à la chancellerie des dossiers sur lesquels l'attention du Président de la République lui [paraissait] devoir être appelée ». L'abolition de la peine de mort par la loi du 9 octobre 1981 marginalisant le Conseil supérieur de la magistrature dans son rôle consultatif sur les projets de décrets de grâce[170], la révision constitutionnelle du 27 juillet 1993 supprime la

---

[170] DAILLY E., HAENEL H. & JOLIBOIS C., *Rapport n°316 sur le projet de loi constitutionnelle portant révision de la Constitution du 4 octobre 1958 et modifiant ses titres VII, VIII, IX et X*, Sénat, 19 mai 1993, p. 108 : « Depuis l'abolition de la peine de mort, cette disposition est en effet tombée en désuétude et rien n'interdit d'ailleurs au Président de la République, qui exerce là un pouvoir régalien, de solliciter un avis si cela lui semble utile » p. 108.

mention correspondante à cette mission inscrite à l'article 65 de la Constitution[171]. N'ayant plus lieu d'être, l'article 16 de l'ordonnance du 22 décembre 1958, comme l'ensemble de ses autres articles, sont finalement abrogés par l'article 21 de la loi organique n° 94-100 du 5 février 1994 sur le Conseil supérieur de la magistrature.

Fort de ces enseignements, le Comité Balladur plaide pour un retour à la consultation du Conseil supérieur de la magistrature[172]. Pourtant, le projet de loi constitutionnelle ne reprend pas sa proposition, préférant l'intervention d'une commission *ad hoc* dont la composition est fixée par la loi. Les motifs qui justifient la mise à l'écart du Conseil supérieur de la magistrature sont doubles : d'une part, le Gouvernement ne souhaite pas lui donner une charge de travail supplémentaire ; de l'autre, il ne veut pas le mettre dans une situation embarrassante quant aux choix de la formation pertinente pour examiner les recours en grâce.

Selon le rapporteur du projet de loi constitutionnelle à l'Assemblée nationale, la nouvelle commission a le mérite de mettre le droit de grâce « à l'abri de la critique et des soup-

---

[171] Il est à noter que le projet de loi constitutionnelle présenté par le Gouvernement Bérégovoy ne prévoyait nullement la suppression de la consultation du Conseil supérieur de la magistrature pour les grâces, laquelle faisait même l'objet d'un alinéa spécifique dans la nouvelle rédaction retenue de l'article 65 de la Constitution. Disparu au Sénat en première lecture, cet alinéa a été réintroduit par l'Assemblée nationale. Les sénateurs ont alors reformulé en seconde lecture les modalités de la consultation du Conseil supérieur de la magistrature en réservant cette mission à la formation compétente pour les magistrats du siège, avant que l'Assemblée nationale ne décide d'enlever cette attribution du Conseil supérieur de la magistrature, sans que le Sénat ne revienne dessus en troisième et dernière lecture.

[172] Proposition n°9 du rapport.

çons de partialité[173] » en ce qu'il n'apparait plus « comme simple fait du prince[174] ». Ses propos sont confirmés par son homologue au Sénat, lequel affirme que « pour rester compatible avec les principes républicains, le droit de grâce doit être encadré[175] ».

Néanmoins, le projet d'instituer cette commission n'aboutit pas, les constituants invoquant de multiples raisons pour justifier leur choix.

Certains se rangent à la proposition émise par le Comité Balladur en estimant que le Conseil supérieur de la magistrature peut rendre un avis sur les recours en grâce sans que cela ne le mette dans une posture incommodante. Ils se basent sur la réforme de sa composition, conduite au même moment que la révision du droit de grâce, et qui rend les magistrats en nombre minoritaire au profit de citoyens issus de la société civile et désignés par les membres du Parlement. Ils considèrent que le retour du Conseil supérieur de la magistrature dans la procédure du droit de grâce permettra d'assurer au mieux l'équilibre des pouvoirs.

D'autres expriment leur inquiétude quant à la future composition de la commission, laquelle pourra varier d'une législature à l'autre. Ils s'interrogent aussi sur l'opportunité de créer une nouvelle « commission Théodule »[176]. Ils crai-

---

173 WARSMANN J.-L., *Rapport n°892 sur le projet de loi constitutionnelle de modernisation des institutions de la Ve République*, 15 mai 2008, p. 159/

174 *Ibid.*

175 HYEST J.-J., *Rapport n°387 sur le projet de loi constitutionnelle de modernisation des institutions de la Ve République*, Sénat, 11 juin 2008, p. 83.

176 Voir par exemple : MYARD J., Débats Assemblée nationale, 1re séance du 26 mai 2008 : « si le Président doit absolument recueillir un avis, comme cela a déjà été le cas dans le passé, pourquoi recréer une commission Théodule alors qu'il existe le Conseil supérieur de la magistrature » ; LE BOUILLONEC J.-Y., Débats Assemblée nationale, 1re

gnent que la procédure s'en retrouve alourdie par la redondance de son examen avec ceux menés par le bureau de l'exécution des peines et des grâces du ministère de la Justice, par le Parquet dépendant de la juridiction ayant condamné la personne intéressée, par le juge de l'application des peines, par l'administration pénitentiaire, par les avocats de la partie civile qui peuvent être consultés et, éventuellement, par les autres personnes et institutions dont le président de la République est en droit de solliciter les avis pour établir son intime conviction[177].

La conception de Robert Badinter emporte définitivement le destin de ce projet. Lors de son explication de vote en hémicycle, il rejoint l'amendement déposé par le sénateur Jean-Michel Baylet et défendu par Nicolas Alfonsi. Il se prononce pour la suppression intégrale de l'article 6 du projet de loi constitutionnelle afin de ne pas entraver la pleine liberté d'appréciation du président de la République, celui-ci devant prendre sa décision en son âme et conscience. A l'issue de la discussion en séance publique, ledit amendement est adopté[178].

En seconde lecture, le rapporteur du texte à l'Assemblée nationale avoue être convaincu par les arguments relatifs à l'inconvenance de créer une commission *ad hoc* pour examiner les recours en grâce développés par la chambre haute[179].

---

séance du 26 mai 2008 : « je pense que nous avons intérêt à ne pas multiplier les références de légitimité ».

[177] Pour l'affaire Jacqueline Sauvage, le Président Hollande avait demandé l'avis du Premier ministre Manuel Valls et celui du Garde des sceaux, ministre de la Justice, Christiane Taubira.

[178] Débats Sénat, séance du 20 juin 2008, amendement n°386 rectifié.

[179] WARSMANN J.-L., *Rapport n°1009 sur le projet de loi constitutionnelle de modernisation des institutions de la Ve République*, Assemblée nationale, 2 juillet 2008, p. 77 : « les objections qui ont été formulées concernant

L'amendement qu'il présente en séance publique propose alors une nouvelle rédaction de l'article 17 de la constitution : « le président de la République a le droit de faire grâce à titre individuel[180] ». Il est finalement adopté pour ne plus jamais être remis en cause au cours du processus législatif.

En raison de l'échec de l'instauration d'une commission des grâces, nous adhérons à la doctrine guère enthousiaste à l'égard de cette réforme de l'article 17 de la Constitution : le droit de grâce continue de souffrir d'un manque d'encadrement juridictionnel, de sorte que certains de nos concitoyens, méfiants, l'accusent d'être à l'origine de manœuvres peu scrupuleuses.

Nous ne demandons pas un contrôle entier du juge administratif pour éviter d'obstruer le caractère inconditionnel du droit de grâce car c'est là que réside tout son intérêt. En revanche, nous militons pour un contrôle restreint à l'erreur manifeste d'appréciation. Un tel contrôle peut émerger à travers la naissance d'une commission des grâces *ad hoc* dont la composition serait fixée par la loi : le juge administratif deviendrait alors compétent pour vérifier de la régularité de la procédure et se prononcerait tant sur le décret de grâce que sur ses actes détachables.

---

l'encadrement de ce droit par l'avis préalable d'une commission dont la composition sera fixée par le législateur méritent d'être prises en considération. Le rapporteur propose, par conséquent, de rétablir l'article, dans une rédaction qui restreigne le droit de grâce à des cas individuels, mais sans prévoir le recueil préalable de l'avis d'une commission ».

[180] Débats Assemblée nationale, 1re séance du 8 juillet 2008, amendement n°7.

Chapitre 2. L'influence grandissante du droit international sur l'exercice du droit de grâce

Le droit international entretient une position ambiguë à l'égard du droit de grâce. Dans son volet général, il l'admet depuis longtemps comme protection du droit à la vie, tout en conditionnant ses effets pour faire respecter le principe de souveraineté des Etats (Section 1). En revanche, dans son volet pénal, il pose de nombreuses conditions afin d'éviter que son utilisation ne fasse échec à la répression des crimes les plus graves qu'il poursuit (Section 2).

Section 1. Une prise en considération précoce du droit de grâce par les conventions internationales

Le droit international ne peut qu'admettre l'existence de la grâce présidentielle en raison du principe de souveraineté des Etats sur lequel il est fondé (§1). Ce même principe conduit néanmoins le droit international à en réglementer les effets extraterritoriaux (§2).

§ 1. L'admission nécessaire du droit de grâce par les conventions internationales

Parmi les principes cardinaux du droit international figurent l'égalité souveraine des Etats, le consensualisme dans la production des règles et l'intersubjectivité. La Cour permanente de justice internationale l'énonce dans son célèbre arrêt du 7 septembre 1927 sur l'affaire du « Lotus » avec ces termes clairs : « les limitations à l'indépendance des Etats ne se présument pas [...]. Tout ce qu'on peut demander à un Etat, c'est de ne pas dépasser les limites que le droit international trace à sa compétence ; en deçà de ces limites, le titre à la juridiction qu'il exerce se trouve dans sa souveraineté[181] ». Tant que les Etats n'ont pas ratifié des traités internationaux, ils restent libres d'exercer les prérogatives qu'ils entendent sur leurs sujets de droit interne. L'année suivante, une sentence arbitrale affirme que « la souveraineté, dans les relations entre Etats, signifie l'indépendance. L'indépendance, relativement à une partie du globe, est le droit d'y exercer à l'exclusion de tout autre Etat, les fonctions étatiques[182] ». Le droit international cherche donc à préserver la compétence exclusive de l'Etat sur son propre territoire : aucune autorité supérieure ni aucun autre Etat ne peut altérer ses prérogatives pour gouverner la population qui relève de son territoire.

Sous l'ère de l'Organisation des Nations Unies, le principe de l'égalité souveraine des Etats est protégé par l'article 2 de sa charte[183] et par la déclaration relative aux principes du droit international touchant les relations amicales et la coopération entre les Etats. Adoptée par l'Assemblée générale

---

181 CPJI 7 septembre 1927, *Affaire du Lotus, France c/ Turquie*, §III.

182 SA 4 avril 1928, *Affaire de l'île de Palmas, Etats-Unis c/ Pays-Bas*, §II.

183 Charte des Nations unies signée à San Francisco le 26 juin 1945, entrée en vigueur le 24 octobre 1945.

des Nations Unies le 24 octobre 1970, elle proclame que « chaque Etat a le droit de choisir et de développer librement son système politique, social, économique et culturel[184] » avant de préciser que cela constitue un principe fondamental du droit international qui nécessite un « respect reux[185] ».

Selon la philosophie propre au droit international, la grâce présidentielle constitue un attribut de souveraineté que ni aucun Etat, ni la société internationale dans son ensemble, ne peut contester. Ainsi, « le droit de grâce fait partie de ces prérogatives très personnelles d'un Etat, comme une sorte de domaine réservé[186] ».

L'admission dans son principe du droit de grâce par les conventions internationales vient au soutien de son universalisme. Comme l'indique la mission de recherche « Droit et justice » dans son rapport sur les institutions de clémence en Europe, il existe dans tous les régimes « une institution constitutionnellement garantie de l'atténuation de l'exécution d'une peine par une autorité autre que judiciaire[187] ».

La Constitution américaine donne au président de la République « le pouvoir d'accorder des sursis, des commutations de peine et des grâces pour délits contre les États-Unis, sauf en cas d'impeachment[188] ».

Plus proche de la France, les modalités d'exercice du droit de grâce se ressemblent dans la majorité des pays euro-

---

[184] Résolutions adoptées sur les rapports de la sixième commission, vingt-cinquième session, résolution 2625 du 24 octobre 1970, p. 134.

[185] *Ibid.*

[186] FREYSSINIER A., *op. cit.* p. 108.

[187] DELLA MORTE G., LAMBERT-ABDELGAWAD E. & RUIZ-FABRI H., *op cit.* p. 94.

[188] Constitution des États-Unis, article II, Section II.

péens. La grâce présidentielle ne concerne que les cas individuels. Dans certains Etats comme en Espagne ou en Allemagne, les Constitutions prohibent expressément l'octroi de grâces collectives. Dans d'autres pays, même si le droit reste permissif, la pratique l'interdit : en Belgique, la signature d'un décret de grâce collective n'est plus intervenue depuis 1993.

De même, le droit de grâce ne constitue pas un pouvoir propre du chef de l'Etat mais un pouvoir partagé où la formalité du contreseing est requise. Seul le Portugal semble faire figure d'exception. Toutefois, dans ce pays, l'absence de contreseing est temporisée par l'obligation du président de la République d'obtenir les avis préalables du tribunal ayant prononcé la peine, du directeur de l'établissement pénitentiaire dans lequel séjourne le détenu ainsi que de son ministre de la justice. Le Portugal présente une autre originalité en ce que la grâce fait l'objet d'une procédure annualisée : elle est accordée à des détenus tous les 22 décembre.

L'Allemagne présente aussi des particularités. L'article 60 de sa loi fondamentale dispose que le président fédéral « exerce au nom de la fédération le droit de grâce », avant de préciser qu'il peut le déléguer à d'autres autorités. Pour que le président de la fédération mette en œuvre ce droit, il faut que la décision à laquelle il s'applique relève en première instance de la compétence fédérale. Dans les autres cas, la grâce revient à la compétence des Landers, généralement par des actes annuels et automatiques signés par le ministre de la Justice de l'Etat fédéré, notamment à l'occasion des fêtes.

La Suisse est sans conteste l'exemple européen le plus atypique. Comme en Allemagne, il existe une distinction selon que l'affaire relève de la fédération ou du canton. Mais l'originalité s'accentue en ce qu'il est prévu que le droit de grâce exercé au niveau fédéral ne revient pas à l'autorité exécutive mais à l'autorité législative. Les recours en grâce sont directement tranchés par les deux chambres du Parlement fédéral réunies en Assemblée commune après l'obtention de différents avis, dont celui de la commission des grâces de l'Assemblée fédérale. L'originalité de la pratique est néanmoins atténuée par le caractère exceptionnel de sa mise en œuvre. Une note publiée sur le site Internet du Sénat français indique que seulement trois recours ont trouvé une issue favorable devant le Parlement entre 1999 et 2003. A l'inverse, au niveau cantonal, la situation se caractérise par son hétérogénéité. Chaque canton détermine par des normes qui lui sont propres l'autorité compétente pour accorder la grâce. Sur l'année 2005, entre 3 et 48 grâces ont été délivrées.

Les institutions internationales intègrent l'existence de cette prérogative universelle, certaines n'hésitant pas à appeler l'attention des chefs d'Etat pour qu'ils en fassent usage. En 2003, la représentante personnelle du Haut-commissariat des droits de l'Homme pour Cuba a ainsi sollicité du président de la République de Cuba une grâce en faveur de plusieurs Cubains condamnés à vingt-trois années de prison pour collaboration avec des pays ennemis[189].

Plus audacieux encore, certaines conventions prévoient expressément l'exercice du droit de grâce, généralement au nom de « la reconnaissance du droit à la vie face à la peine capitale[190] ».

Au niveau international, on peut citer l'article 75 de la convention de Genève relative à la protection des personnes civiles en temps de guerre en date 12 aout 1949 qui stipule qu'« en aucun cas, les personnes condamnées à mort ne seront privées du droit de recourir en grâce ». Le commentaire de la convention attribue même à ce droit « une signification

---

189 Communiqué de presse du 27 juin 2003 des Nations µUnies. A voir ici : https://www.un.org/press/fr/2003/DHG242.doc.htm

190 FREYSSINIER A., *op cit.* p. 114.

particulière » parce qu'en période d'occupation « tant de facteurs concourent à rendre plus difficile l'exercice normal de la justice pénale ». Cette convention donne alors un caractère impératif au droit de grâce, perçu comme l'ultime recours afin de gommer une éventuelle erreur judiciaire.

Il existe également l'article 6 §4 du Pacte international des droits civils et politiques du 16 décembre 1966 offrant à tout condamné à mort le droit de solliciter la grâce ou la commutation de la peine ; ou encore l'article 7 de la résolution 1984/50 du 25 mai 1984 adoptée par le Conseil économique et social afin d'octroyer des garanties pour la protection des droits des personnes passibles de la peine de mort qui précise que « toute personne condamnée à mort a le droit de se pourvoir en grâce [...] ; la grâce ou la commutation de peine peut être accordée dans tous les cas de condamnation à mort ».

Au niveau régional, la convention interaméricaine des droits de l'homme stipule à son article 4 §6 que « toute personne condamnée à mort a le droit de demander [...] la grâce. [...] La sentence de mort ne peut être exécutée tant que la demande sera pendante devant l'autorité compétente ». Sur le fondement de cette disposition, une riche jurisprudence de la cour interaméricaine des droits de l'homme est apparue : elle affirme que le droit de grâce fait partie corpus juridique international[191] et ajoute qu'un tel recours ne peut être une simple formalité condamnée à rester infructueuse[192].

Le Conseil de l'Europe reconnait également l'existence du droit de grâce. Néanmoins, son positionnement demeure original : contrairement aux exemples évoqués ci-dessus, il

---

[191] CIADH 20 juin 2005, *Fermin Ramirez c/ Guatemala*, §109.

[192] CIADH 9 mai 2008, *Fermin Ramiez c/ Guatemala, Raxcaco Reyes c/ Guatemala, Raxcaco Rayes y otros*, §63.

ne cherche pas à institutionnaliser une voie de recours parallèle en cas de condamnation à la peine de mort dans la mesure où de telles condamnations sont expressément prohibées par le protocole n°6 à la convention européenne de sauvegarde des droits de l'homme et des libertés fondamentales.

La reconnaissance de la grâce présidentielle se fait tant au niveau du droit primaire qu'à celui jurisprudentiel. Tout d'abord, l'article 3 du protocole n°7 prévoit que « lorsque la grâce est accordée, parce qu'un fait nouveau ou nouvellement révélé prouve qu'il s'est produit une erreur judiciaire, la personne qui a subi une peine en raison de cette condamnation est indemnisée, conformément à la loi ou à l'usage en vigueur dans l'Etat concerné, à moins qu'il ne soit prouvé que la non-révélation en temps utile du fait inconnu lui est imputable en tout ou en partie ». Le rapport annexé au protocole explique que « dans certains systèmes juridiques, plutôt qu'une procédure judiciaire conduisant à la révision de la condamnation, la grâce peut, dans certains cas, être le recours approprié après une décision définitive[193] ». Aussi, le droit primaire du Conseil de l'Europe admet-il l'exercice du droit de grâce comme une voie de recours supplémentaire et exceptionnelle pour réparer une erreur judiciaire.

Ensuite, la jurisprudence de la Cour européenne des droits de l'homme attribue à la grâce présidentielle une valeur fonctionnelle singulière : celle de protéger les droits et libertés garantis par la Convention. A ce titre, une affaire ayant conduit à la condamnation de la France illustre bien le rôle que peut jouer cette prérogative. En juin 1999, Jean Mouisel est condamné à une peine de quinze ans d'emprisonnement pour vol en bande organisée avec arme,

---

[193] Rapport explicatif du protocole n°7 à la Convention de sauvegarde des droits de l'homme et des libertés fondamentales, 22 novembre 1984, §23.

séquestration et escroquerie. Son état de santé se détériore à partir de 1998, plusieurs certificats médicaux diagnostiquant une grave leucémie. Face à la nécessité de subir une chimiothérapie lourde, le détenu décide de former un recours en grâce, mais il est rejeté le 7 mars 2000. L'aggravation de son état de santé se poursuivant jusqu'à être atteint d'une invalidité physique estimée à 80%, le détenu réitère son recours, à nouveau rejeté le 20 novembre 2000. Saisie, la Cour européenne des droits de l'homme estime dans un arrêt du 14 novembre 2002 que, nonobstant l'existence de mécanismes d'aménagement des peines pour raison médicale, le droit de grâce constitue un moyen pour l'Etat de respecter ses obligations tirées de la non-violation des droits et libertés protégés par la Convention[194].

Dans une autre affaire, la Cour s'attache au caractère exceptionnel du droit de grâce en considérant qu'il ne saurait être utilisé de manière systématique pour atténuer le caractère disproportionné des sanctions pénales[195] : certes le droit de grâce est un moyen efficace de garantir les droits et libertés de la Convention, mais il ne saurait être dénaturé.

Il convient de signaler que l'élargissement par le Conseil de l'Europe de la reconnaissance du droit de grâce à d'autres cas que celui de la peine de mort est désormais repris par le droit international. L'Assemblée générale des Nations Unies souligne dans une résolution du 14 décembre 1990 que « l'objectif ultime de la justice pénale est la réinsertion sociale du délinquant[196] » et prévoit dans les règles *minima* des Na-

---

[194] CEDH 14 novembre 2002, *Mouisel c/ France*, n° 67263/01.

[195] CEDH 17 décembre 2004, *Cumpănă et Mazăre c/ Roumanie*, n°33348/96.

[196] Résolutions adoptées sur les rapports de la troisième commission, quarante-cinquième session, résolution 45/110 du 14 décembre 1990, p. 211.

tions Unies pour l'élaboration de mesures non privatives de liberté que « les autorités compétentes ont à leur disposition une vaste gamme de mesures de substitution concernant l'application des peines en vue d'éviter l'incarcération et d'aider le délinquant à se réinsérer rapidement dans la société[197] », parmi lesquelles la grâce présidentielle[198].

S'inscrivant dans cette reconnaissance du droit de grâce, le droit international assoit une première influence en régissant son exercice dès l'instant où les effets du pardon présidentiel se caractérisent par des éléments d'extranéité.

§ 2. L'objet technique des conventions internationales intéressant le droit de grâce, la réglementation des effets extraterritoriaux

En s'intéressant à la valeur et aux conséquences des jugements nationaux ayant des éléments d'extranéité, le droit international encadre l'exercice du droit de grâce en gouvernant certains de ses effets. Il s'y intéresse tantôt pour prévoir des modalités de l'autorité de la chose jugée, tantôt pour régir l'exécution des jugements étrangers.

En ce qui concerne l'autorité de la chose jugée, certaines conventions internationales défendent aux Etats d'engager des poursuites à l'égard d'une personne graciée par le président de la République française. Inversement, les autorités françaises ne peuvent incriminer une personne condamnée à l'étranger et ayant bénéficié d'une mesure de grâce. Il s'agit d'une application concrète du principe du *non bis in idem.*

Initialement, le droit international ne cherche pas à réglementer les mesures de grâce vis-à-vis des jugements

---

[197] Article 9 §1 des règles minima des Nations Unies pour l'élaboration de mesures non privatives de liberté (règles de Tokyo) du 14 décembre 1990.

[198] *Ibid.* Article 9 §2 e).

répressifs étrangers. L'article 4 du protocole n°7 à la convention européenne de sauvegarde des droits de l'homme et des libertés fondamentales stipule simplement que « nul ne peut être poursuivi ou puni pénalement par les juridictions du même Etat en raison d'une infraction pour laquelle il a déjà été acquitté ou condamné par un jugement définitif conformément à la loi ou à la procédure pénale de cet Etat ». Et le rapport explicatif de confirmer « l'application de l'article au plan national[199] ».

La formulation de l'article 14 §7 du Pacte international des droits civils et politiques semble plus ambiguë. En effet, il prescrit que « nul ne peut être poursuivi ou puni en raison d'une infraction pour laquelle il a déjà été acquitté par un jugement définitif conformément à la loi et à la procédure pénale de chaque pays ». L'absence d'éléments nationaux[200] laisse alors supposer que le principe du *non bis in idem* s'applique également aux décisions rendues par les tribunaux étrangers. Mais telle n'est pas l'interprétation proposée par le Comité des droits de l'homme. Dans une communication du 2 novembre 1987, il souligne que les dispositions de l'article 14 §7 du Pacte « n'interdisent les doubles condamnations pour un même fait que dans les cas de personnes jugées par un Etat donné[201] ». Bien que ses recommandations n'aient pas de valeur juridique contraignante, sa position est reprise par plusieurs juridictions nationales[202].

---

[199] Rapport explicatif du protocole n°7, *op. cit.*, §27.

[200] A la différence de l'article 4 du protocole n°7 à la Convention européenne de sauvegarde des droits de l'homme et des libertés fondamentales qui parle de « *juridictions du même Etat* ».

[201] CDH 2 novembre 1987, *A.P. c/ Italie*, n°204/1986.

[202] Voir par exemple : Cour de cassation belge 20 février 1991, *Pasicrisie* 1991, I, p. 597 ; Ch. crim. 17 mars 1999, n°98-80.413, Bull. crim. n°44.

En raison de la portée du principe du *non bis in idem* établie par le droit international, les autorités françaises ne peuvent pas engager des poursuites à l'égard d'un individu gracié par le président de la République pour un même fait. En revanche, elles restent libres de faire preuve d'indifférence vis-à-vis de la grâce octroyée par un chef d'Etat étranger suite à la condamnation d'un ressortissant français à l'extérieur des frontières. Naturellement, la règle s'applique de manière identique en sens inverse : la grâce du président de la République française devient sans objet sur un ressortissant étranger condamné par une juridiction française car les autorités de son pays gardent la faculté d'engager des poursuites à son égard.

Le principe de souveraineté des Etats s'en trouve alors satisfait car la décision juridictionnelle d'un Etat reste circonscrite à ses limites territoriales. Comme le soulignent André Huet et Renée Koering-Joulin, puisqu'elle « est l'expression de la souveraineté d'un Etat et a été rendue en application de la loi de cet Etat pour protéger son ordre public, elle ne saurait déployer ses effets dans d'autres Etats sous peine de violer leur souveraineté[203] ».

Néanmoins, en raison de l'abolissement des frontières étatiques et de l'accroissement des flux transfrontaliers des personnes, la délinquance internationale progresse, de sorte qu'une « résistance organisée et institutionnalisée[204] » parait indispensable. Le dogme de la territorialité des décisions de justice cède au profit d'une internationalisation de la règle du *non bis in idem* à laquelle le droit de grâce n'échappe pas.

---

[203] HUET A. & KOERING-JOULIN R., Fasc. 404-10 : Effets en France des décisions répressives étrangères – Autorité de la chose jugée, *JurisClasseur Droit international*, Paris, LexisNexis, 2013, §6.

[204] DONNEDIEU DE VABRES H., *Introduction à l'étude du droit pénal international*, Paris, Sirey, 1922, p. 1.

Tout d'abord, face au mutisme du droit international sur la question, ce sont les législations nationales qui décident de la traiter. Il serait trop fastidieux de relater chaque législation nationale pour rendre compte de la portée effective du droit de grâce du président de la République en faveur des ressortissants étrangers condamnés par les juridictions françaises. Celle-ci dépend de conceptions propres à chaque pays, de sorte qu'il existe autant de systèmes que d'Etats. Nous proposons toutefois quelques développements relatifs à la situation française.

Les articles 113-9 du Code pénal et 692 du code de procédure pénale disposent qu'« aucune poursuite ne peut être exercée contre une personne justifiant qu'elle a été jugée définitivement à l'étranger pour les mêmes faits et, en cas de condamnation, que la peine a été subie ou prescrite ». Sur leur fondement, le principe du *non bis in idem* se déclenche dès lors que les faits sont strictement identiques, que l'infraction a été commise à l'étranger, que la décision rendue par la juridiction étrangère se révèle définitive et que la peine est totalement exécutée ou prescrite.

Sur ce dernier point, la législation appréhende de différentes façons la grâce accordée par un chef d'Etat étranger. Dans sa rédaction qui prévaut de mars 1959 à mars 1994, l'article 692 admet que la grâce vaut exécution de la peine : un individu condamné par un tribunal étranger puis gracié par le chef de cet Etat empêche les autorités françaises d'engager de nouvelles poursuites dès l'instant où les conditions du principe du *non bis in idem* sont réunies. Aujourd'hui, la mention de la grâce ne figure plus dans cet article. Une telle mesure devient sans effet ; en atteste la circulaire du 14 mai 1993 présentant les dispositions du nouveau code pénal et qui renvoie la grâce à une mesure « accordée pour des motifs de pure opportunité politique ».

D'autres exceptions au principe du *non bis in idem* existent, comme celles relatives aux infractions prévues à l'article 113-10 du Code pénal : crimes et délits qualifiés d'atteintes aux intérêts fondamentaux de la nation ; falsification et contrefaçon du sceau de l'Etat, de pièces de monnaie, de billets de banque ; et tout crime ou délit contre les agents ou les locaux diplomatiques ou consulaires français, commis hors du territoire de la République. Là encore, la grâce d'un chef d'Etat étranger est frappée d'une fin de non-recevoir par les autorités françaises, le dogme de la territorialité ne pouvant s'incliner lorsqu'est en cause une atteinte directe portée à la souveraineté de l'Etat.

Le droit du Conseil de l'Europe cherche toutefois à limiter les interprétations nationales. L'article 53 de la convention européenne sur la valeur internationale des jugements répressifs du 28 mai 1970 stipule qu'« une personne qui a fait l'objet d'un jugement répressif européen ne peut, pour le même fait, être poursuivie, condamnée ou soumise à l'exécution d'une sanction dans un autre Etat contractant [...] lorsque la sanction infligée [...] a fait l'objet d'une grâce [...] portant sur la totalité de la sanction ou la partie non exécutée de celle-ci ». Une disposition identique figure à l'article 35 de la convention européenne sur la transmission des procédures répressives du 15 mai 1972. Bien que la tentative soit honorable, elle reste totalement vaine en ce qui concerne la France qui n'a ni ratifié, ni signé l'une ou l'autre de ces conventions.

Finalement, eu égard à l'absence l'obligation résultant du droit du Conseil de l'Europe, la grâce présidentielle, qu'elle émane du chef d'Etat français ou d'un homologue étranger, perd son objet dès lors que ses effets ont vocation à s'étendre en dehors des frontières nationales.

La situation s'avère radicalement différente en ce qui concerne le droit de l'Union européenne. Le texte majeur en la matière est la convention d'application de l'accord de Schengen du 19 juin 1990, entrée en vigueur le 26 mars 1995. Son article 54 affirme qu'« une personne qui a été définitivement jugée par une Partie contractante ne peut, pour les mêmes faits, être poursuivie par une autre Partie contractante, à condition que, en cas de condamnation, la sanction ait été subie ou soit actuellement en cours d'exécution ou ne puisse plus être exécutée selon les lois de la Partie contractante de condamnation ». En vertu de cette disposition, les pays signataires doivent admettre que les mesures de grâce relèvent des modalités de l'exécution des peines. C'est d'ailleurs ce que précise la circulaire du 14 mai 1993 susmentionnée : « le jeu de la grâce ne peut être écarté lorsqu'il existe une convention internationale contraire. Tel est le cas de la convention d'application de l'Accord de Schengen ».

Par conséquent, sous certaines réserves[205], la France doit accepter les effets extraterritoriaux d'une grâce accordée par un chef d'Etat partie à la Convention du 19 juin 1990 sur l'un de ses ressortissants, et inversement.

De manière plus intrusive encore, le droit international s'intéresse à certaines modalités de l'exécution d'un jugement étranger sur le territoire d'un autre Etat. En principe, lorsque l'Etat français exécute une peine prononcée par un tribunal étranger, il se rend responsable d'une voie de fait[206]. On retrouve le dogme de la territorialité qui prévaut en matière

---

205 La France a émis deux réserves principales. Tout d'abord, « lorsque les faits visés par le jugement étranger ont eu lieu soit en tout, soit en partie sur son territoire », la règle du *non bis in idem* telle qu'interprétée par les Accords de Schengen ne s'applique pas (voir : Crim. 3 décembre 1998, n°98-82.424, Bull. crim., n°331). Idem « lorsque les faits visés par le jugement étranger constituent une infraction contre la sûreté de l'Etat ou d'autres intérêts également essentiels de cette partie contractante ». Voir à ce sujet : HUET A. & KOERING-JOULIN R., *art. cit.*, §60 et s.

206 Ch. crim. 21 mars 1862, Bull. crim., n°90, p. 132.

d'autorité de la chose jugée. Or, les mêmes préoccupations qui ont conduit à son adaptation pour l'autorité de la chose jugée – effacement des frontières nationales, développement des flux transfrontaliers et généralisation de la délinquance internationale – ont abouti à une évolution similaire à propos de l'exécution des peines. Deux catégories de conventions internationales agissent ainsi sur le droit de grâce : celles relatives à l'extradition et celles relatives aux transfèrements des condamnés et détenus à l'étranger. Nous aborderons ces dernières pour illustrer notre propos[207].

Les conventions de transfèrements des condamnés et détenus à l'étranger se caractérisent par leur extrême hétérogénéité dans la mesure où elles résultent le plus souvent de négociations bilatérales. Pour ce qui est du droit de grâce, une distinction peut s'envisager entre les conventions qui attribuent au seul Etat de condamnation la compétence pour accorder une grâce présidentielle et celles qui autorisent également le président de la République française à le faire.

Parmi les premières, on peut citer les conventions qui nous lient avec des pays africains comme la Côte d'Ivoire, le Burkina Faso, la Mauritanie, le Gabon, le Tchad ou, encore, le Niger. Les relations établies avec la principauté monégasque rejoignent aussi cette situation. L'article 14 de la convention franco-monégasque de voisinage du 18 mai 1963 stipule que si « les individus condamnés pour des crimes ou délits de droit commun à une peine privative de liberté seront reçus dans les établissements pénitentiaires de France [...] les grâces ou réductions de peine accordées par S.A.S. le Prince seront notifiées par la voie diplomatique au Gouver-

[207] Pour une étude plus approfondie, voir : HERZOG-EVANS M., « Transfèrement international des condamnés », *Répertoire de droit pénal et de procédure pénale*, Dalloz, Paris, 2014 ; ZAMBEAUX C., Fasc. n°20 : Transfèrement en France des personnes condamnées et détenues à l'étranger, *Juris-Classeur – Procédure pénale*, Paris, LexisNexis, 2001.

nement français qui prendra les dispositions nécessaires pour l'exécution de ces mesures bienveillantes ». La coopération entre les deux pays va même très loin puisque ce même article ajoute que « l'administration française signalera, s'il y a lieu, au Gouvernement monégasque les condamnés qui lui paraitront mériter une mesure de grâce ».

Parmi les secondes, une subdivision sépare les conventions de transfèrement multilatérales, généralement prises dans le cadre européen, de celles bilatérales.

Le droit produit par le Conseil de l'Europe parvient davantage à régir les effets extraterritoriaux de la grâce en matière d'exécution des peines qu'en matière de principe du *non bis in idem*. En effet, l'article 12 de la Convention sur le transfèrement des personnes condamnées, signée le 21 mars 1983 et entrée en vigueur le 1er juillet 1985, permet à l'Etat de condamnation comme à l'Etat d'exécution d'« accorder la grâce [...] ou la commutation de peine conformément à sa Constitution ou à ses autres règles juridiques ». Tous les membres du Conseil de l'Europe, à l'exception de Monaco[208], sont astreints à cette disposition. La convention déploie même ses effets à des Etats non membres du Conseil parmi lesquels l'Australie, les Etats-Unis, le Japon, le Mexique ou encore la République de Corée.

Quant aux relations entre les Etats membres de l'Union européenne, il faut se référer à l'article 19 de la décision cadre du Conseil du 27 novembre 2008[209] dont le §1 stipule

---

[208] L'adhésion de Monaco à cette convention serait nulle et non avenue en raison de la convention de voisinage du 18 mai 1963 qui la lie à la France.

[209] Décision-cadre 2008/909/JAI du Conseil du 27 novembre 2008 concernant l'application du principe de reconnaissance mutuelle aux jugements en matière pénale prononçant des peines ou des mesures privatives de liberté aux fins de leur exécution dans l'Union européenne.

que « la grâce [peut] être [accordée] tant par l'Etat d'émission que par l'Etat d'exécution ».

La loi n°2013-711 du 5 aout 2013 portant diverses dispositions d'adaptation dans le domaine de la justice en application du droit de l'Union européenne et des engagements internationaux de la France transpose les dispositions de la décision en droit interne.

Les articles 728-28 et 728-29 du code de procédure pénale traitent des condamnations prononcées par le juge français et exécutées sur le territoire d'un Etat membre de l'Union européenne. Le premier dispose que « l'exécution de la peine est régie par le droit de l'Etat sur le territoire duquel elle est exécutée » tandis que le second le complète : « lorsque la condamnation fait l'objet d'une [...] grâce [...], le représentant du ministère public en informe sans délai l'autorité compétente de l'Etat d'exécution ».

Les articles 728-56 et 728-57 de ce même code se réfèrent à l'exécution des peines décidées par une juridiction d'un Etat membre de l'Union européenne et exécutées en France. Conformément à l'article 728-57, « lorsque la décision de condamnation fait l'objet [...] d'une grâce en France ou dans l'Etat de condamnation [...], le ministère public met fin à son exécution ». Autant le président de la République française que le titulaire du droit de grâce dans l'Etat de condamnation peut en user, indifféremment de la nationalité du condamné et du lieu d'exécution de sa peine.

Dans le prolongement de ces conventions multilatérales, certaines bilatérales préservent l'intégrité de la grâce présidentielle, à l'image des traités liant la France avec Cuba, Djibouti, l'Inde ou, encore, le Paraguay.

En définitive, le droit international s'intéresse au droit de grâce de manière neutre. Il l'accepte dans son principe tout en essayant de régir les effets extraterritoriaux qu'il peut produire. Ainsi des différentes conventions bilatérales et multilatérales relatives aux transfèrements des détenus, à l'extradition ou au principe du *non bis in idem*. Les déclarations de l'Assemblée générale des Nations Unies témoignent d'un peu plus d'aplomb en érigeant ce droit comme l'ultime recours pour éviter une condamnation à mort définitive et inéluctable. Ces déclarations, formulées à travers des résolutions qui n'ont aucune valeur contraignante, initient pourtant l'insertion brutale des exigences du droit international pénal à l'attention du droit de grâce. Celui-ci parait désormais conditionné à des impératifs qui se rapprochent, pour certains, davantage de la morale que du droit. La grâce présidentielle française est évidemment confrontée à cette nouvelle influence.

Section 2. L'insertion brutale des exigences du droit international pénal dans les modalités d'octroi des grâces présidentielles

On désigne par droit international pénal « l'ensemble des règles du droit international public, pour l'essentiel conventionnel, portant sur l'incrimination et la répression des crimes[210] ». Celui-ci a impacté les modalités d'octroi des grâces présidentielles en deux étapes. Tout d'abord de manière implicite par le biais des conventions générales relatives aux infractions pénales (§1). Puis, de manière explicite à travers l'institution des tribunaux pénaux internationaux (§2).

---

[210] GUINCHARD S. & DEBARD T. (Dir.), *Lexique des termes juridiques*, Paris, Dalloz, 24e édition, 2016, p. 420.

§ 1. Les conventions internationales relatives aux infractions pénales, l'encadrement implicite du droit de grâce

De plus en plus de conventions régissent le prononcé et l'exécution des sanctions suite à la commission de certaines infractions. Celles-ci viennent encadrer par ricochet l'exercice du droit de grâce. Les premières remontent au début du XXe siècle. La convention relative à l'esclavage, signée le 25 septembre 1926 dans le cadre de la Société des Nations Unies, stipule à son article 6 que « les Hautes Parties contractantes dont la législation ne serait pas dès à présent suffisante pour réprimer les infractions aux lois et règlements édictés en vue de donner effet aux fins de la présente Convention s'engagent à prendre les mesures nécessaires pour que ces infractions soient punies de peines sévères ».

Sous l'ère de l'Organisation des Nations Unies, de nombreuses autres conventions réglementent la répression des atteintes graves aux droits et libertés fondamentaux. Au lendemain des atrocités perpétrées pendant la Seconde Guerre mondiale, et sur le fondement d'une résolution adoptée le 11 décembre 1946 qualifiant le génocide de « crime de droit des gens que le monde civilisé condamne[211] », les Nations unies adoptent la convention pour la prévention et la répression du crime de génocide. Elle prévoit à son article 5 que « les Parties contractantes s'engagent à prendre [...] les mesures législatives nécessaires pour assurer l'application des dispositions de la présente Convention, et notamment à prévoir des sanctions pénales efficaces frappant les personnes coupables de génocide ».

La convention sur l'imprescriptibilité des crimes de guerre et des crimes contre l'humanité, signée le 26 no-

[211] Assemblée générale des Nations unies, 11 décembre 1946, Résolution n°96 (I) sur le crime de génocide.

vembre 1968, poursuit l'effort de lutte contre l'impunité. Dans son préambule, elle constate « que l'application aux crimes de guerre et aux crimes contre l'humanité des règles de droit interne relatives à la prescription des crimes ordinaires inquiète profondément l'opinion publique mondiale car elle empêche que les personnes responsables de ces crimes soient poursuivies et châtiées ». Après avoir affirmé à son article 1er que de tels crimes demeurent imprescriptibles, elle prie les Etats parties à mettre en place une législation adéquate, « tant en ce qui concerne les poursuites qu'en ce qui concerne la peine ». Des doutes apparaissent sur la conciliation de l'exercice du droit grâce au regard de l'exigence d'imprescriptibilité. Etant donné qu'aucune application n'a été faite par les tribunaux de cette convention, deux solutions demeurent concevables : soit la grâce peut s'exercer indépendamment de l'imprescriptibilité parce qu'elle constitue une garantie fondamentale pour tout condamné ; soit l'imprescriptibilité signifie que les peines s'exécutent pleinement, quelle qu'en soit la durée, auquel cas l'octroi d'une grâce devient totalement interdit[212].

Il existe d'autres conventions relatives aux droits de l'Homme réclamant une certaine sévérité dans le prononcé et l'exécution de la peine[213].

A la lecture de ces exemples, force est d'admettre que le droit international pénal ne cherche pas à braquer les chefs d'Etat : il pose le principe selon lequel les traités ne restrei-

---

212 Voir : PHILIP-GAY M. « La grâce en droit international » *in* DELLA MORTE G., LAMBERT-ABDELGAWAD E. & RUIZ-FABRI H., *op. cit.*

213 Par exemple : la Convention contre la torture et autres peines ou traitements cruels, inhumains ou dégradants du 10 décembre 1984 parle de « *peines appropriées qui prennent en considération [la] gravité* » de tels actes (article 4) ; idem avec la Convention relative aux droits de l'enfant (article 32).

gnent pas directement le droit de grâce. Toutefois, l'apparence du principe dissimule un encadrement bien plus subtil. A cet égard, nous partageons l'analyse de Mathilde Philip-Gay selon laquelle « lorsque les Etats s'engagent à prévoir des sanctions adaptées à la gravité des crimes commis, ils s'obligent corrélativement à les faire exécuter dans leur intégralité[214] » de sorte « qu'il serait illogique d'accorder une grâce à leur auteur[215] ». En signant un traité de droit international pénal, les chefs d'Etat en épousent la philosophie répressive : l'acte de signature s'apparente à un engagement moral de ne pas user d'une prérogative qui la violerait indéniablement.

Une telle analyse est corroborée dernièrement par la déclaration du 18 décembre 1992 de l'Assemblée générale des Nations Unies sur la protection de toutes les personnes contre les disparitions forcées qui a donné naissance à la convention internationale pour la protection de toutes les personnes contre les disparitions forcées du 20 décembre 2006.

Dans sa déclaration, l'Assemblée générale se dit « profondément préoccupée » par la multiplication des disparitions forcées et considère que celles-ci « portent atteinte aux valeurs les plus profondes de toute société attachée au respect de la légalité, des droits de l'Homme et des libertés fondamentales, et que leur pratique systématique est de l'ordre du crime contre l'humanité ». Elle affirme à son article premier que « tout acte conduisant à une disparition forcée constitue un outrage à la dignité humaine. Il est condamné comme étant [...] une violation grave et flagrante des droits de l'homme et des libertés fondamentales ». La suite de la déclaration interpelle par sa fermeté. Elle précise

---

[214] PHILIP-GAY M., *art. cit.*, p. 45.

[215] *Ibid.*

que nulle circonstance ne saurait justifier l'accomplissement de tels crimes, même des circonstances de guerre. Elle met à la charge des Etats de nombreuses obligations afin qu'ils puissent élaborer une législation à la fois intransigeante à l'égard des auteurs de disparitions forcées et protectrice à l'égard des victimes. Elle interdit même aux législateurs nationaux de prendre des lois d'amnistie pour éteindre les poursuites engagées contre eux. Enfin, elle s'adresse directement aux chefs d'Etat en ordonnant à son article 18§2 que « dans l'exercice du droit de grâce, l'extrême gravité des actes conduisant à des disparitions forcées doit être pris en considération ».

La convention de 2006 ne contient pas une pareille prescription. A l'image des traités susmentionnés, elle se contente d'énoncer que « tout Etat partie rend le crime de disparition forcée passible de peines appropriées qui prennent en compte son extrême gravité ». Néanmoins, en s'appuyant sur la déclaration de 1992 et en utilisant l'expression choisie pour guider les chefs d'Etat dans l'octroi de leur grâce, il ne fait guère de doute que le pardon présidentiel pour les Etats parties à la convention est scrupuleusement encadré. Même si elle ne le précise pas, le chef d'un Etat qui accorde sa grâce à un auteur condamné dans une affaire de disparitions forcées accomplit nécessairement un acte inconventionnel au regard de ses stipulations. Le président de la République française, qui a ratifié la convention le 23 septembre 2008, ne peut donc activer l'article 17 de la Constitution qu'après avoir pris en considération « l'extrême gravité » des infractions ayant conduit à une disparition forcée[216], sous peine de la violer.

---

[216] Entendue comme « l'arrestation, la détention, l'enlèvement ou toute autre forme de privation de liberté par des agents de l'État ou par des personnes ou des groupes de personnes qui agissent avec l'autorisation, l'appui ou l'acquiescement de l'État, suivi du déni de la reconnaissance de la privation de liberté ou de la dissimulation du sort

Si l'encadrement du droit de grâce est désormais prévu en matière de disparition forcée, le droit international pénal a considérablement accru ses exigences depuis l'instauration des tribunaux pénaux internationaux.

§ 2. L'institution de tribunaux pénaux internationaux, l'encadrement explicite du droit de grâce

Aujourd'hui, il existe trois juridictions pénales internationales[217]. La première provient d'une résolution du Conseil de sécurité de l'Organisation des Nations Unies, en date du 25 mai 1993, afin « de juger les personnes présumées responsables de violations graves du droit humanitaire international commises sur le territoire de l'ex-Yougoslavie[218] » au début des années 1990. Selon les chiffres publiés par les Nations unies[219], 161 personnes ont été mises en accusation devant le tribunal pénal international pour l'ex-Yougoslavie pour quatre types de crime : le génocide, les crimes contre l'humanité, les violations des lois ou coutumes de la guerre et les infractions graves aux Conventions de Genève. Sur 161 individus, 83 ont été condamnés et 7 sont en cours de jugement. La France en héberge 4[220].

---

réservé à la personne disparue ou du lieu où elle se trouve, la soustrayant à la protection de la loi », au sens son article 2.

[217] Le vocable de « *tribunal pénal international* » regroupe d'autres juridictions que celles mentionnées ci-après qui ne sont plus du tout en exercice : le tribunal spécial pour la Sierra Leone ainsi que les tribunaux militaires internationaux de Nuremberg et pour l'Extrême-Orient.

[218] Résolution n°827 du 5 mai 1993 du Conseil de sécurité de l'Organisation des Nations Unies.

[219] Au 1er décembre 2017.

[220] Voir : http://www.icty.org/fr/content/infographie-le-tpiy-en-chiffres

Une résolution du 8 novembre 1994, adoptée par le Conseil de sécurité pour « juger les personnes présumées responsables d'actes de génocide ou d'autres violations graves du droit international humanitaire commis sur le territoire du Rwanda et les citoyens rwandais présumés responsables de tels actes ou violations commis sur le territoire d'Etats voisins, entre le 1er janvier et le 31 décembre 1994[221] », institue la seconde juridiction. Les dernières données disponibles[222] indiquent que le tribunal pénal international pour le Rwanda a inculpé 93 personnes pour génocide et autres violations graves du droit international humanitaire commis en 1994. Sur les 85 mises en accusation, 62 ont été condamnés[223]. Ce tribunal est désormais fermé depuis le 31 décembre 2015 et ses missions reprises par le Mécanisme pour les tribunaux pénaux internationaux[224]. A terme, il absorbera les missions exercées par le tribunal pénal international pour l'ex-Yougoslavie.

Enfin, la troisième juridiction est la Cour pénale internationale. Instituée par le statut de Rome, signé par 120 Etats le 17 juillet 1998 et entré en vigueur le 1er juillet 2002 suite à la ratification par 60 Etats, elle est chargée de juger les personnes accusées des « crimes les plus graves qui touchent l'ensemble de la communauté internationale[225]», à savoir le crime de génocide, les crimes contre l'humanité, les crimes

---

[221] Résolution n°955 du 8 novembre 1994 du Conseil de sécurité de l'Organisation des Nations Unies.

[222] En date du 7 décembre 2016.

[223] Voir : http://unictr.unmict.org/sites/unictr.org/files/publications/ictr-key-figures-fr.pdf

[224] Crée par une résolution du 22 décembre 2010 par le Conseil de sécurité.

[225] Article 5 du Statut de Rome de la Cour pénale internationale.

de guerre et les crimes d'agression. Les chiffres les plus récents[226] révèlent que la Cour pénale internationale a été saisie de 25 affaires. Elle a rendu 6 jugements à l'issue desquels elle a condamné 9 personnes.

Les juridictions pénales internationales ne disposant pas de moyens propres pour assurer l'exécution des peines qu'elles prononcent, la coopération des Etats s'avère indispensable. Un mécanisme soucieux de la souveraineté des Etats est prévu. Après avoir formulé une déclaration de principe pour recevoir des condamnés dans leurs établissements pénitentiaires, une seconde déclaration est requise pour chacune des affaires. De plus, une fois le condamné transféré dans l'Etat responsable de l'exécution de sa peine, ce sont les règles nationales qui s'appliquent[227].

La nationalisation de l'exécution des jugements rendus par les juridictions pénales internationales risque pourtant de faire échec au principe d'égalité devant la justice ; principe qui est inscrit à l'article 14 du Pacte international des droits civils et politiques et reconnu comme étant une règle à valeur

---

226 Au 1er décembre 2017. Voir : https://www.icc-cpi.int/about?ln=fr

227 Voir par exemple : Article 27 du statut du tribunal pénal international pour l'ex-Yougoslavie : « La peine d'emprisonnement est subie dans un Etat désigné par le Tribunal sur la liste des Etats qui ont fait savoir au Conseil de sécurité qu'ils étaient disposés à recevoir des condamnés. La réclusion est soumise aux règles nationales de l'Etat concerné, sous le contrôle du Tribunal international » ; Article 106 du statut de Rome de la Cour pénale internationale : « Les conditions de détention sont régies par la législation de l'État chargé de l'exécution. Elles sont conformes aux règles conventionnelles internationales largement acceptées en matière de traitement des détenus. Elles ne peuvent en aucun cas être ni plus ni moins favorables que celles que l'État chargé de l'exécution réserve aux détenus condamnés pour des infractions similaires ».

impérative par certaines cours internationales[228]. Par ailleurs, cette nationalisation représente un danger pour l'accomplissement des finalités premières de la peine en droit international pénal qui consistent à dissuader et à châtier[229]. C'est la raison pour laquelle, les statuts des juridictions pénales internationales cherchent à encadrer les décisions d'aménagement des peines au titre desquelles figurent la grâce présidentielle.

L'article 28 du statut du tribunal pénal international pour l'ex-Yougoslavie stipule que « si le condamné peut bénéficier d'une grâce [...] en vertu des lois de l'Etat dans lequel il est emprisonné, cet Etat en avise le Tribunal. Le président du Tribunal, en consultation avec les juges, tranche selon les intérêts de la justice et les principes généraux du droit ». Le règlement de preuve et de procédure qui l'accompagne expose les modalités de cette disposition à ses articles 123 à 125. En particulier, l'article 125 précise qu'« aux fins d'apprécier de l'opportunité d'une grâce [...], le président du Tribunal tient compte, entre autres, de la gravité de l'infraction commise, du traitement réservé aux condamnés se trouvant dans la même situation, de la volonté de réinsertion sociale dont fait preuve le condamné ainsi que du sérieux et de l'étendue de la coopération fournie au Procureur ». La directive pratique relative à l'appréciation des demandes de grâce, de commutation de la peine et de libération anticipée des personnes condamnées par le Tribunal[230] s'enfonce encore plus dans les détails. Technique, elle indique que l'Etat qui envisage de gracier un condamné doit

---

[228] Voir par exemple : CIADH avis, 17 septembre 2003, *Condicion juridica y derechos de los migrantes indocumentados*, n°18.

[229] SCALIA D., « Légalité et égalité de l'exécution des peines en droit international pénal : un clair-obscur contrasté », *Revue de science criminelle*, 2011, p. 761.

[230] En date du 5 juillet 2012 pour sa dernière version.

informer le tribunal « au moins quarante-cinq jours avant la date ouvrant droit » à une telle mesure[231], que la décision du président du Tribunal s'appuie sur les probabilités de réinsertion sociale du condamné[232], qu'elle est « définitive et sans appel[233] ».

Les règles du Tribunal pénal international pour le Rwanda sont identiques.

Le statut de Rome est tout aussi directif. L'article 110 §1 prescrit que « l'Etat chargé de l'exécution ne peut libérer la personne détenue avant la fin de la peine prononcée par la Cour » avant d'attribuer à la Cour pénale internationale une compétence exclusive pour accorder des réductions de peine[234]. Le §3 de cet article prohibe même toute remise de peine tant que le détenu n'en a pas effectué les deux tiers ou n'a pas accompli vingt-cinq années d'emprisonnement en cas de condamnation à perpétuité.

Ces limitations posées au droit de grâce cherchent à rendre effectif le principe d'égalité devant la justice pénale internationale, mais aussi à assurer le caractère punitif de la sanction prononcée. Un tel caractère est d'ailleurs apparent dans les motifs des décisions rendues par les juridictions.

Par exemple, à travers son célèbre jugement du 29 novembre 1996 dans l'affaire *Erdemović*, le Tribunal pénal international pour l'ex-Yougoslavie « considère qu'il découle du principe de l'égalité devant la loi, qu'il ne peut y avoir de

---

[231] Article 2 de la directive pratique relative à l'appréciation des demandes de grâce, de commutation de la peine et de libération anticipée des personnes condamnées par le TPIR, le TPIY ou le mécanisme.

[232] *Ibid.* Article 7.

[233] *Ibid.*

[234] Article 110 §2 du statut de Rome de la Cour pénale internationale.

disparités substantielles d'un Etat à un autre dans l'exécution des peines prononcées par un tribunal international. Elle recommande donc un certain degré d'uniformité et de cohérence dans l'exécution des sentences pénales internationales[235] ». Quant à la signification apportée à la peine, il « retient l'importance des concepts de dissuasion et de rétribution[236] » et affirme, sans ambiguïté, qu' « il semblerait que les particularités des crimes relevant de la compétence du Tribunal excluent la considération d'une quelconque fonction réhabilitative de la peine [...], que [cette fonction] doit s'effacer derrière celle visant à stigmatiser les atteintes les plus graves au droit international humanitaire pour en prévenir notamment la répétition[237] ».

Le Tribunal va plus loin dans son jugement relatif à la sentence de l'affaire *Tadić* du 14 juillet 1997. Il propose que « sauf circonstances exceptionnelles, la sentence de Dusko Tadic ne soit pas commuée ou réduite de quelque autre manière en une peine d'emprisonnement d'une durée inférieure à dix ans à compter de la date de ce jugement ou de la décision d'appel qui pourrait être rendue ultérieurement[238] ».

En définitive, force est de constater que ces exigences du droit international pénal froissent la souveraineté des Etats. Elles poussent à l'effacement des lois nationales et des considérations d'opportunité politique, sociale ou humanitaire guidant les chefs d'Etat dans l'octroi de leur grâce. C'est pourquoi les accords bilatéraux entre les Etats et l'Organisation des Nations Unies concernant l'exécution des peines prononcées par les tribunaux pénaux internationaux *ad hoc* d'une part, et le dispositif de l'article 103 §1 a) selon

---

[235] TPIY 29 novembre 1996, *Affaire Erdemović*, IT-96-22, §72.

[236] *Ibid.* §64.

[237] *Ibid.* §66

[238] TPIY 14 juillet 1997, *Affaire Tadić*, IT-94-1 §76.

lequel « lorsqu'il déclare qu'il est disposé à recevoir des condamnés, un Etat peut assortir son acceptation de conditions… » d'autre part, tentent de neutraliser les effets du droit international pénal sur l'octroi des grâces présidentielles.

A cet égard, la France aurait pu faire le choix de se conformer à la décision de refus du Tribunal ou de la Cour, reléguant ses intérêts nationaux devant le caractère international du jugement. De nombreux pays ont abandonné leur droit de grâce pour devenir, dans une espèce donnée, un acteur dévoué à la communauté internationale, à l'instar de la Finlande, de la Norvège, de l'Autriche, de l'Espagne ou, encore, de la Suisse[239].

Elle a finalement opté pour une solution radicale : « l'impossibilité absolue de continuer à exécuter la peine et le transfert automatique du condamné vers le Tribunal[240] » ou la Cour pénale internationale.

Au sujet des tribunaux pénaux internationaux, cette solution se concrétise par l'article 8 de l'accord qui lie la France avec l'Organisation des Nations Unies concernant l'exécution des peines prononcées par le Tribunal pénal international pour l'ex-Yougoslavie en date du 25 février 2000. En particulier, son §2 stipule que « si le président du Tribunal international […] décide qu'il n'y a pas lieu d'accorder la grâce […], l'Etat requis procède alors au transfert de la personne condamnée au Tribunal international » afin que le condamné puisse effectuer le reste de sa peine dans un autre pays. Le dispositif prévu est similaire pour les peines pro-

---

239 Pour ne citer que les pays européens. Voir : LAMBERT ABDELGAWAD E., « L'emprisonnement des personnes condamnées par les juridictions pénales internationales, les conditions relatives à l'aménagement des peines », *Revue de science criminelle*, 2003, p. 162 et s.

240 *Ibid.*

noncées par le Tribunal pénal international pour le Rwanda[241].

Quant à la Cour pénale internationale, l'article 103 de son statut est conforme à la Constitution selon le Conseil constitutionnel dans sa décision du 22 janvier 1999. Le juge constitutionnel estime que la France peut « faire état de la possibilité d'accorder aux personnes condamnées une dispense de l'exécution des peines, totale ou partielle, découlant de l'exercice du droit de grâce[242] », de sorte que « les stipulations du chapitre X du statut, relatives à l'exécution des peines, ne portent pas atteinte aux conditions essentielles d'exercice de la souveraineté nationale, non plus qu'à l'article 17 de la Constitution[243] ». Le commentaire qui accompagne la décision du Conseil constitutionnel affirme même que « l'exercice du droit de grâce [est particulièrement] préservé[244] » par les stipulations du statut.

Nous ne pouvons qu'exprimer notre surprise face à l'interprétation des juges de la rue de Montpensier. En particulier, dire que l'intégrité de la grâce présidentielle serait sauvegardée nous parait excessif.

La solution retenue par la France pour concilier l'exécution des décisions rendues par les juridictions pénales internationales et l'effectivité de l'article 17 de la Constitution se schématise en trois étapes. Tout d'abord, la France accepte au cas par cas l'accueil sur son territoire de per-

---

[241] Article 8 de l'Accord entre le Gouvernement de la République française et l'Organisation des Nations Unies concernant l'exécution des peines prononcées par le tribunal pénal international pour le Rwanda.

[242] Décision n°98-408 DC du 22 janvier 1999, *Traité portant statut de la Cour pénale internationale*, cons. n°40.

[243] *Ibid.*

[244] Commentaire de la décision n°98-408 DC du 22 janvier 1999, *Les Cahiers du Conseil constitutionnel*, 1999, n°7.

sonnes condamnées. Ensuite, elle dispose de la faculté d'assortir son accord de conditions visant à préserver certaines modalités nationales d'aménagement de peines, y compris à propos de l'attribution de la grâce présidentielle. Enfin, en cas de désaccord sur ces conditions, le Tribunal ou la Cour peut ordonner le transfèrement du condamné vers un autre Etat partie.

Alors certes, le président de la République garde toute aptitude pour prononcer une mesure de grâce, mais en décidant de retirer le détenu du territoire français pour qu'il puisse exécuter le reste de sa peine, le président du Tribunal ou de la Cour fait en sorte que cette mesure devienne « sans objet[245] ». Dès lors, l'intérêt de la grâce consistant à dispenser tout ou partie de l'exécution d'une peine est complètement anéanti.

In fine, les exigences issues des statuts des juridictions pénales internationales renforcent l'encadrement du droit de grâce initié par les conventions fondatrices du droit international pénal. Pour que sa grâce soit acceptée par le président du Tribunal ou de la Cour, le président de la République est dans l'obligation de tenir compte des fonctions attribuées à la peine en droit international, à savoir la stigmatisation d'un comportement inacceptable, la rétribution des dommages subis par ses victimes et la dissuasion de commettre à nouveau de tels agissements. Il doit également intégrer dans son raisonnement des concepts issus d'un autre ordre juridique

---

[245] Pour reprendre les termes de l'exposé des motifs du projet de loi n°3253 autorisant l'approbation de l'accord entre le Gouvernement de la République française et l'Organisation des Nations Unies concernant l'exécution des peines prononcées par le Tribunal pénal international pour l'ex-Yougoslavie. Nous noterons à ce propos que l'expression employée sonne un peu comme un aveu de la part du Gouvernement, quand bien même le reste de son raisonnement rejoint totalement l'interprétation du Conseil constitutionnel.

que le sien que sont l'intérêt de la justice et les principes généraux du droit international.

Si ce constat s'applique pleinement aux individus condamnés par le Tribunal pénal international pour l'ex-Yougoslavie ou par la Cour pénale internationale, il s'étend aussi aux personnes qui n'ont pas comparu devant de telles juridictions. Certes le degré de contrainte est plus souple en ce que sa mesure de grâce n'est plus conditionnée par l'aval d'une personne tierce, mais le droit international pénal continue à faire peser ses impératifs moraux et incite à la cohérence. Comment justifier devant l'opinion publique la grâce allouée à une personne coupable de crime de génocide, de crime contre l'humanité ou de crime de guerre ayant comparu devant une juridiction française alors que, si elle avait comparu devant une juridiction pénale internationale, un tel pardon n'aurait pas été admis ? En acceptant de se lier aux statuts des juridictions pénales internationales, l'Etat français accepte tacitement d'embrasser leur philosophie en matière de grâce pour des affaires similaires mais qui n'entrent pas dans leur champ de compétence.

*

*   *

Le droit de grâce désigne une prérogative du président de la République subordonnée à un fort encadrement. Son champ d'application s'est rétréci pour empêcher l'arbitraire, les membres du Gouvernement ont un droit de regard pour éviter d'éventuelles aberrations, ses effets extraterritoriaux sont régis par des règles concernant l'autorité de chose jugée et l'exécution des jugements étrangers et des valeurs morales apportées par le droit international pénal prohibent le pardon présidentiel pour certaines infractions. Tous ces éléments contribuent à préserver les droits et libertés des individus, à éviter l'instrumentalisation de ce pouvoir à des fins politiciennes et à garantir la cohésion du système international. Néanmoins, le droit de grâce ne peut embrasser pleinement l'Etat de droit que si les actes qu'il produit se soumettent à un contrôle juridictionnel de légalité et s'ils deviennent plus transparents.

En parallèle de cette première tendance, une seconde apparait. Il s'agit d'un mouvement concurrentiel venant limiter son emploi. Aux mutations qualitatives du droit de grâce que nous avons évoquées s'entremêle donc une dynamique freinant l'adoption des décrets de grâce.

SECONDE PARTIE

LE DROIT DE GRÂCE, UNE PREROGATIVE DE PLUS EN PLUS CONCURRENCEE

Si le droit de grâce est désormais délimité, ses modalités d'octroi étant soumises à des conditions de fond toujours plus nombreuses, une seconde évolution, plus décisive, semble l'impacter. En soi, l'encadrement du droit de grâce ne conteste pas son existence : celui-ci peut toujours s'exercer, sous réserve de respecter quelques règles et d'observer certains principes. En revanche, la seconde évolution que nous abordons dans ce titre vient remettre en cause sa légitimité par le biais de dynamiques génératrices d'un changement de perception. Il s'agit alors de se demander si ces dernières n'hypothèquent pas sérieusement son avenir.

En premier lieu, nous évoquerons la concurrence organique qui attaque le bienfondé du droit de grâce par le biais de l'émancipation de l'autorité judiciaire. Au début perçue comme un pouvoir creux et refusé, la justice formait une branche du pouvoir exécutif. On ne pouvait alors parler d'un troisième pouvoir parce qu'à côté de son unité fonctionnelle bien réelle[246] manquait son unité organique[247]. Selon cette conception, le droit de grâce est naturellement attribué au président de la République, magistrat suprême, chef de l'exécutif et donc de l'autorité judiciaire. Différents mécanismes sont tout de même institués pour protéger son indépendance ; ils demeurent nécessaires pour que la justice reste neutre, légitime et efficace. Mais depuis un quart de siècle, sous l'influence de la doctrine juridique contemporaine et de l'entreprise jurisprudentielle menée par le Conseil constitutionnel, une conception nouvelle de la séparation des pouvoirs envahit les représentations sociales. La justice se

---

[246] On entend par unité fonctionnelle, « *une entreprise intellectuelle de classification des activités mises en œuvre dans l'Etat* » (BOUCOBZA I., « Un concept erroné, celui de l'existence d'un pouvoir judiciaire », *Pouvoirs*, 2012, n° 4, p. 74). A propos de l'autorité judiciaire, il s'agit de trancher des litiges sur le fondement du droit.

[247] On entend par unité organique, « *une doctrine politique et juridique de distribution des compétences aux organes* » (*Ibid.*).

mue en un pouvoir plein et accepté ; et l'une de ses illustrations les plus concrètes réside dans l'édification d'un système judiciaire rétif à l'octroi des grâces présidentielles (Chapitre 1).

En second lieu, nous quitterons l'aspect organique de l'émancipation de l'autorité judiciaire pour adopter un angle matériel et conclure à l'existence d'une concurrence fonctionnelle du droit de grâce. L'octroi des grâces collectives sera mis en relief avec le développement du droit de l'application des peines. En effet, l'émancipation de l'autorité judiciaire se traduit aussi par un accroissement des aménagements de peine et par une juridictionnalisation de l'application des peines. Les grâces présidentielles coexistent avec les « petites grâces[248] » accordées par les juges. Les évolutions de leurs pouvoirs et le succès de leurs charges actent finalement l'arrêt des grâces collectives, dorénavant prohibées par la révision constitutionnelle du 23 juillet 2008. Toutefois, on remarque que depuis la date de leur suppression, l'exécutif cherche à retrouver leurs bienfaits sur le désengorgement des établissements pénitentiaires en invitant sa majorité parlementaire à adopter des dispositifs d'aménagements de peine susceptibles de libérer les détenus dans une logique comptable. Aussi, les grâces collectives se réincarnent-elles à travers une nouvelle philosophie de l'application des peines, davantage automatisée et objectivisée (Chapitre 2).

---

[248] RENAUT M.-H., « Le droit de grâce doit-il disparaitre ? », *art. cit.*, p. 575.

Chapitre 1. Une concurrence organique, l'émancipation de l'autorité judiciaire

Si le droit de grâce appartient au président de la République, c'est parce qu'il s'inscrit dans une conception restrictive de la séparation des pouvoirs héritée de la Révolution française et des juristes du XXe siècle (Section 1). Toutefois, l'émancipation de l'autorité judiciaire à travers une appréhension renouvelée et plus contemporaine de cette séparation conduit à sa contestation (Section 2).

Section 1. Une prérogative traditionnellement dévolue au président de la République dans une conception restrictive de la séparation des pouvoirs

Dans une conception restrictive de la séparation des pouvoirs, le droit de grâce incombe au président de la République en raison de son caractère supérieur d'utilité publique (§1)[249]. Toutefois, son régime juridique se pare de nom-

---

[249] A titre indicatif, nous signalons que les décrets de grâce ne constituent pas les seuls actes de justice retenue pris par le président de la République. Celui-ci dispose également de prérogatives en matière administrative grâce à sa compétence d'appel en matière de prises maritimes. Ce sont des actes de guerre tendant à réquisitionner un navire ou sa cargaison. La personne qui s'estime lésée de cette prise peut exercer un recours en premier ressort devant le Conseil des prises. Par un arrêt *Wilken* de 1835, le Conseil d'Etat s'est reconnu incompétent pour connaitre des appels formés contre les jugements de cette juridiction spéciale

breuses garanties pour protéger la place particulière qui revient à l'autorité judiciaire (§2).

§ 1. La grâce, une mesure prise par le magistrat suprême du pays dans un but d'utilité publique

Une tension particulière traverse la justice : les hommes s'en méfient alors qu'elle constitue leur besoin premier, elle essuie les plus nombreux revers alors qu'elle garantit la vie en collectivité. L'une des sources de cette suspicion tient à ses acteurs. « Confier la justice à un homme plutôt qu'à une machine, c'est se fixer comme règle du jeu l'approximation, l'erreur, l'imperfection[250] » de sorte qu'elle « ne peut être que bancale, partiale, inégale et incertaine[251] ». Une autre source vient de l'attitude déloyale des parlements sous l'Ancien Régime, réputés pour avoir rendu une justice en porte à faux vis-à-vis du pouvoir central, indifférente en termes d'équité, voire réactionnaire.

La traditionnelle méfiance portée à l'égard de la justice fait naître un débat récurrent au sein des constitutionnalistes autour de la notion de séparation des pouvoirs : quels

---

au profit du président de la République. Eu égard à l'absence de conflit armé secouant la France depuis plusieurs décennies, la dernière décision rendue par un chef de l'Etat remonte au 23 décembre 1960 sous la présidence du Général de Gaulle. Le président de la République peut également connaitre des litiges relatifs aux prérogatives d'administration des églises concordataires sur le fondement de l'article 10 de la loi du 1er juin 1924. Cependant, à la différence de l'exercice du droit de grâce, l'avis de l'Assemblée générale du Conseil d'Etat est requis, après instruction de la section des finances pour les prises maritimes et de la section de l'intérieur pour les abus en matière ecclésiastique, avant de transmettre pour homologation le décret. (Pour plus de détails voir : GIRARD D., *art. cit.*).

[250] DEBOVE F., FALLETI F. & DUPIC E., *Précis de droit pénal et de procédure pénale*, P.U.F., Paris, 6e édition, 2016, p. 431.

[251] *Ibid.*

doivent être les rapports entre l'autorité administrative et l'autorité judiciaire ?

Une partie de la doctrine affirme l'absence d'un véritable pouvoir judiciaire en France, entendu comme une unité organique spécialisée dans la fonction de rendre la justice. Les auteurs contemporains s'appuient sur l'intitulé du titre VIII de la Constitution « De l'autorité judiciaire ». Mais, en réalité, le choix des expressions importe peu. Des lois constitutionnelles françaises emploient l'expression de « pouvoir judiciaire » sans en consacrer l'existence. C'est le cas de la Constitution du 4 novembre 1848 qui réserve son chapitre VIII au « Pouvoir judiciaire » tout en précisant que l'ensemble des magistrats le composant est nommé par le président de la République[252], lequel dispose en outre du droit de grâce[253]. Par ailleurs, la Constitution actuelle du 4 octobre 1958 n'évoque pas de pouvoir législatif ou exécutif alors que leur existence ne fait aucun doute.

Il semblerait que leurs propos s'inscrivent davantage dans un concept descriptif élaboré par les publicistes du XIXe siècle à partir des positions prises par les révolutionnaires de 1789. Ainsi Maurice Hauriou démontre, dans son *Précis de droit constitutionnel*, que le pouvoir exécutif a pour fonction principale de prendre des décisions exécutoires en application des règles énoncées par le législateur. L'avènement du régime républicain a fractionné ce pouvoir en deux autorités : la première, l'autorité administrative, se charge de l'élaboration des politiques publiques et de la ges-

---

[252] Article 85 : « Les juges de paix et leurs suppléants, les juges de première instance et d'appel, les membres de la Cour de cassation et de la Cour des comptes, sont nommés par le président de la République… » ; Article 86 : « Les magistrats du ministère public sont nommés par le président de la République ».

[253] Article 55. Néanmoins, son exercice est subordonné à un avis rendu par le Conseil d'Etat.

tion des affaires courantes tandis que la seconde, l'autorité judiciaire, traite du contentieux[254]. Gaston Jèze rejoint Maurice Hauriou en estimant que les deux autorités ont pour mission d'établir des « constats avec force de vérité gale[255] » ; également le juriste allemand Otto Mayer qui parle de « détermination juridique de cas individuels[256] ».

Pour ces auteurs, leur interprétation de la théorie de la séparation des pouvoirs ne dénature en rien celle de son concepteur Montesquieu ; mieux, elle l'épouse. En effet, ce dernier observe trois pouvoirs sur le constat de trois puissances politiques particulières, le pouvoir judiciaire correspondant alors à la puissance politique de juger que les parlements royaux se sont arrogée en menant une fronde ouverte envers le Roi par leur refus d'enregistrer ses ordonnances. Or, bien que constitué en troisième pouvoir, il porte atteinte à la liberté des individus en faisant régner un esprit de despotisme, son pouvoir de défaire et de refaire le droit n'étant contrecarré par aucun autre pouvoir. Et Montesquieu de conclure par la nécessité à ce que « des trois puissances […], celle de juger [soit] en quelque façon nulle[257] » parce que les juges qui la forment ne doivent être que « la bouche qui prononce les paroles de la loi, des êtres inanimés qui n'en peuvent modérer ni la force ni la rigueur[258] ».

---

254 HAURIOU M., *Précis de droit constitutionnel*, Paris, Sirey 2e édition, 1929, p. 380 et s.

255 JEZE G., « De la force de vérité légale attachée par la loi à l'acte juridictionnel », *Revue de droit public*, 1913, p. 437.

256 MAYER O., *Droit administratif allemand*, Paris, V. Giard et E. Brière, Tome 1, 1903, p. 80.

257 Montesquieu, *De l'esprit des Lois*, Livre XI, Chapitre VI, Folio-Gallimard, Paris, 1995, Tome 1, p. 333.

258 *Ibid.* p. 337.

Les Révolutionnaires accueillent sans réserve la théorie de Montesquieu en confinant les juges à une simple mission technique, dénuée de tout enjeu politique. Stanislas de Clermont-Tonnerre s'exclame lors de l'Assemblée constituante : « le pouvoir judiciaire, ce qu'on appelle improprement le pouvoir judiciaire, est l'application de la loi ou volonté générale à un fait particulier, ce n'est donc en dernière analyse que l'exécution de la loi[259]». Quant à Robespierre, il prononce ces mots virulents : « Ce mot de jurisprudence des tribunaux [...] doit être effacé de notre langue. Dans un Etat qui a une Constitution, une législation, la jurisprudence des tribunaux n'est autre chose que la loi, alors il y a toujours identité de la jurisprudence[260] ». La mission des juges revient finalement à produire un syllogisme en combinant la mineure, soit l'infraction commise, avec la majeure, soit la loi à appliquer pour sanctionner cette infraction, afin de parvenir à une conclusion, soit le jugement à prononcer[261].

Cette vision minimaliste de la puissance de juger se matérialise en droit de deux façons. Tout d'abord, les révolutionnaires mettent en place le référé-législatif : en cas de doute sur le sens d'une loi, le juge doit saisir le législateur qui en fixera l'interprétation. Ensuite, l'article 5 du Code civil interdit « aux juges de se prononcer par voie de disposition générale et réglementaire sur les causes qui leur sont sou-

---

[259] Séance du 7 mai 1790, *Archives parlementaires*, Tome 15, p. 425.

[260] Séance du 20 novembre 1790, *Archives parlementaires*, Tome 20, p. 516.

[261] Beccaria soutient explicitement cette vision restrictive du rôle des juges : « Dans toute affaire criminelle, le juge doit partir d'après un syllogisme parfait, dont la majeure est la loi générale, la mineure l'action conforme ou non à cette loi, et la conséquence l'élargissement ou la punition de l'accusé. Un raisonnement de plus, soit que le juge le fasse de son gré ou qu'il y soit forcé, ouvre la porte à l'incertitude et à l'obscurité » (cf. BECCARIA C., *Des délits et des peines*, Paris, Flammarion, rééd. 2006 (édition originale : 1794), p. 67).

mises ». Bien que l'interprétation de cette disposition ait évolué depuis, sa constance dans le temps confirme le fort héritage laissé par la période révolutionnaire sur notre droit et nos institutions.

Les concepteurs de la Ve République le revendiquent d'ailleurs pleinement en faisant de l'autorité judiciaire une simple branche de l'exécutif ; pis, un accessoire du président de la République. Lors d'une célèbre conférence de presse diffusée le 31 janvier 1964 à la télévision française, le Général de Gaulle expose sa vision du rôle du chef de l'Etat : « Le président de la République est évidemment le seul à tenir et à déléguer l'autorité de l'Etat : il doit être évidemment entendu que l'autorité indivisible de l'Etat est confiée toute entière au Président par le peuple qui l'a élu, qu'il n'en existe aucune autre, ni ministérielle, ni civile, ni militaire, ni judiciaire qui ne soit conférée et maintenue par lui ». On retrouve alors l'idée qui prévaut sous l'Ancien Régime selon laquelle le chef de la nation fait corps tout entier avec les organes et fonctions de son Etat. Dans cette hypothèse, le pouvoir judiciaire ne résulte que d'une délégation de celui-là.

L'influence du pouvoir exécutif sur l'autorité judiciaire s'exerce sous différents aspects : nomination des magistrats par décret du président de la République[262], ceux du Parquet étant proposés par le ministre de la Justice sur simple avis du Conseil supérieur de la magistrature[263] ; pouvoir d'instruction à l'égard du ministère public[264] et pouvoir d'inspection géné-

---

[262] Article 13 de la Constitution.

[263] Article 65 de la Constitution. A noter qu'un projet de réforme constitutionnelle souhaité par le Président Macron vise à subordonner la nomination des magistrats du Parquet à un avis conforme du Conseil supérieur de la magistrature.

[264] Article 5 de l'ordonnance n°58-1270 du 22 décembre 1958 portant loi organique relative au statut de la magistrature ; article 30 du code de procédure pénale.

rale sur l'ensemble des administrations et institutions du ministère de la Justice[265]. Mais l'immixtion la plus manifeste de l'exécutif sur l'autorité judiciaire reste l'exercice du droit de grâce dans le but de satisfaire des « considérations de justice supérieures[266] ». Ce caractère fonctionnel de la grâce se conçoit par ses finalités et par certains des effets juridiques qui l'entourent.

Par ses finalités, il est incontestable que l'argument de l'intérêt général demeure pleinement valable sous l'empire de la peine de mort : la grâce présidentielle apparait comme l'ultime rempart avant la mort d'un éventuel innocent. Il est de coutume qu'avant toute exécution, le président de la République soit saisi pour statuer sur la situation du condamné.

---

[265] Décret n°2016-1675 du 5 décembre 2016 portant création de l'inspection générale de la justice. Son article 2 témoigne du rôle primordial joué par l'exécutif sur l'autorité judiciaire en ce qu'il dispose que : « l'inspection générale exerce une mission permanente d'inspection, de contrôle, d'étude, de conseil et d'évaluation sur l'ensemble des organismes, des directions, établissements et services du ministère de la Justice et des juridictions de l'ordre judiciaire [...] Elle apprécie l'activité, le fonctionnement et la performance des juridictions, établissements, services et organismes soumis à son contrôle ainsi que, dans le cadre d'une mission d'enquête, la manière de servir des personnels... » La publication de ce décret a entrainé de vives contestations de la part des représentants de l'autorité judiciaire. Dans une lettre adressée au ministre de la Justice le 8 décembre 2016, le premier président et le procureur général de la Cour de cassation ont dénoncé une atteinte grave à la séparation des pouvoirs. Leurs doléances ont trouvé un écho favorable chez les parlementaires. Une proposition de loi visant à garantir le principe de l'indépendance de la justice a été présentée par le sénateur Jacques Mézard et les membres du groupe du Rassemblement démocratique et social européen. Enregistrée à la présidence du Sénat le 23 février 2017, elle complète l'article L. 411-5 du code de l'organisation judiciaire par l'alinéa suivant : « la Cour de cassation ne peut faire l'objet d'une mission d'une mission d'inspection, de contrôle, d'étude, de conseil ou d'évaluation par l'inspection générale de la justice ».

[266] DUGUIT L., *La séparation des pouvoirs et l'Assemblée nationale de 1789*, Paris, L. Larose éditeur, 1893, p. 99.

Une telle pratique remonte au règne de Louis Philippe : affecté par la mort de son père guillotiné et révulsé à l'idée d'institutionnaliser une telle peine, il demande la transmission automatique du dossier du coupable et se réserve l'usage de son droit de grâce. Aussi gracie-t-il 36.5% des condamnés à mort au cours de son règne (1831-1847)[267]. Le Président Loubet le transforme même en faveur presque automatique comme en attestent ses 89% de condamnés à mort graciés entre 1901 et 1905. La Ve République est aussi marquée par des grâces médiatisées. Ainsi, celle de Paul Touvier, collaborateur du régime de Vichy, ancien chef de la milice lyonnaise durant l'occupation de la France par l'Allemagne, auteur de crimes contre l'humanité. Condamné à mort en 1946 et en 1947, parti en cavale pendant de nombreuses années, le Président Pompidou finit par lui accorder sa grâce par un décret du 23 novembre 1971.

Toujours sous l'empire de la peine de mort, l'intérêt général se marie parfaitement avec la raison d'Etat. A ce sujet, l'exercice du droit de grâce par Général de Gaulle est éloquent. Anne Freyssinier relate qu'il refuse de gracier les condamnés à mort pour collaboration avec le régime de Vichy ou ayant tenu des propos outrageants à l'égard de la Nation française. Ainsi de Pierre Pucheu, ancien ministre de l'Intérieur sous le Gouvernement de Vichy, exécuté alors qu'il avait sollicité la clémence du Président[268]. De Gaulle relate dans ses *Mémoires de Guerre* que « la raison d'Etat exige un rapide exemple. C'est le moment où la résistance va devenir, pour la prochaine bataille, un élément essentiel de la défense nationale […]. Il faut que nos combattants, il faut

---

[267] CARBASSE J.-M., *La peine de mort*, Paris, P.U.F., 3e édition, 2016. Voir aussi les statistiques sur le site de l'Assemblée nationale : http://www.assemblee-nationale.fr/histoire/peinedemort/chiffres.asp#loi

[268] FREYSSINIER A., *op. cit.*, p. 239 et s.

que leurs adversaires, aient sans délai la preuve que les coupables ont à répondre de leurs actes ». D'autres condamnés subissent un sort identique, à l'instar de Pierre Laval, chef du Gouvernement de Vichy ou de Robert Brasillach, essayiste ayant loué à plusieurs reprises le régime nazi. A l'inverse, le Général accorde sa grâce lorsque des raisons impérieuses l'exigent. Pour que le traité de l'Elysée conclu entre la France et l'Allemagne soit ratifié, le président de la République gracie Carl Oberg, chef supérieur de la SS et de la police pour la France, et Helmut Knochen, chef de la police de sûreté et du service de sûreté pour la France et la Belgique, tous deux responsables de plusieurs dizaines de milliers de morts résistants français.

Malgré l'abolition de la peine de mort, l'exercice du droit de grâce dans une finalité politique se poursuit. Il apparait comme un outil d'apaisement des tensions politiques et sociales.

D'autres finalités de la grâce concourent aussi à la préservation de l'intérêt public. Sa fonction consistant à « redresser des situations individuelles inéquitables que la justice peut produire lorsqu'elle devient machine judiciaire[269] » est la plus souvent avancée pour justifier de son maintien. Comme l'explique Henri Donnedieu de Vabres, la grâce « prévient le divorce du droit et de l'équité. Elle est le correctif qui, modérant le *summum jus*, évite la *suma injuria.* Elle met un peu d'huile dans les rouages, quelques fois grinçants, de la justice[270] ».

De même, le droit de grâce associe l'intérêt général avec des considérations d'humanité en offrant aux détenus une voie de récompense pour leur comportement exemplaire en

---

[269] CARCASSONE G., *La Constitution commentée, op. cit,* p. 121.

[270] DONNEDIEU DE VABRES H., *La justice pénale d'aujourd'hui,* Paris Armand Colin, 2e édition, 1941, p. 120.

prison et leurs efforts de réinsertion. Par ce biais, il incite au repentir. A titre d'illustration, mentionnons la grâce du Président Sarkozy accordée à une trentaine de détenus méritants par un décret du 23 décembre 2008. Il avait alors mandaté sa ministre de la justice Rachida Dati pour qu'elle fasse remonter, par l'administration pénitentiaire, « une poignée de prisonniers au mérite particulier - ayant par exemple porté secours à un codétenu, protégé un surveillant agressé, empêché un suicide...[271] » à l'exception des criminels, des personnes condamnées pour des affaires de mœurs (crime ou délit) et des récidivistes. Il s'agissait alors d'« envoyer un message positif[272] » à la société, et plus particulièrement à la population carcérale.

L'utilité publique de la grâce s'analyse également lorsqu'on se penche sur certaines de ses conséquences juridiques.

Tout d'abord, le recours en grâce n'est pas seulement ouvert au condamné ou à ceux qui témoignent d'un intérêt à agir suffisant. Tout le monde peut saisir le Président de la République. Ainsi du recours de la députée Maud Olivier pour libérer Jacqueline Sauvage adressé par une lettre du 27 janvier 2016[273].

Une fois la procédure lancée, le condamné ne peut exercer aucune influence sur son cours, l'instruction de son dossier lui échappe complètement. La demande est transmise au bureau de l'exécution des peines et des grâces qui opère un premier tri de recevabilité. S'il la juge pertinente, il

---

[271] DE CHARRETTE L, « Sarkozy prépare une grâce pour des détenus méritants », *Le Figaro*, 28 novembre 2009.

[272] *Ibid.*

[273] http://www.maud-olivier.fr/single-post/2016/1/27/Cas-de-Jacqueline-Sauvage-notre-droit-doit-cesser-d%E2%80%99%C3%AAtre-aveugle-aux-in%C3%A9galit%C3%A9s-entre-les-femmes-et-les-hommes

l'adresse au procureur de la République pour qu'il rédige un rapport sur la situation du condamné et donne un avis après consultation du directeur de l'établissement pénitentiaire et du juge de l'application des peines. Le rapport revient ensuite à la chancellerie qui, au vu des éléments fournis, décide de rédiger ou non un projet de décret de grâce. Le cas échéant, le projet de décret est communiqué au Premier ministre et aux ministres concernés par le contreseing. Il échoit enfin sur le bureau du président de la République qui choisit d'accorder ou de refuser sa grâce, en son âme et conscience. En définitive, à aucun moment l'avis du condamné n'est requis : seules des informations provenant de personnes tierces sont sollicitées, ce qui donne à la procédure sa neutralité pour la placer dans une perspective globale d'intérêt général.

Enfin, la grâce accordée s'impose au condamné qui ne peut la refuser. Cette dernière caractéristique parachève le caractère objectif du droit de grâce. Comme l'explique Gaston Jèze, « politiquement, l'acte juridique de grâce est une mesure d'ordre social, d'utilité publique, et non pas une mesure prise dans l'intérêt de l'individu gracié : l'individu gracié en profite, c'est tout. Il ne peut donc pas refuser le bénéfice de l'acte de grâce. En d'autres termes, au point de vue de la technique juridique, l'acte de grâce, pour produire ses effets juridiques, n'est pas subordonné à l'acceptation de l'individu gracié, pas plus que, pour produire son effet juridique, l'acte de condamnation n'était subordonné à l'acceptation de l'individu condamné[274] ».

L'intérêt public est d'autant plus préservé par la grâce que celle-ci prend des formes différentes pour épouser au mieux les circonstances de chaque cas d'espèce. Le président de la République peut commuer une peine, c'est-à-dire en

---

[274] JEZE G., « Du retrait des actes juridiques », *art. cit.*, p. 288

substituer une par une autre[275]. Il peut également accorder une remise de peine, totale[276] ou partielle[277].

Le président de la République peut faire le choix de n'exiger aucune contrepartie en retour. Dans le cas inverse, sa grâce revient à un sursis avec mise à l'épreuve : son bénéfice est subordonné au respect de certaines conditions, dont les plus courantes sont le paiement d'une somme d'argent, l'interdiction de faire l'objet de poursuites pénales pendant un certain délai et l'obligation de se plier à un suivi socio-judiciaire. Si la méconnaissance des obligations prévues par le décret de grâce ne constitue pas une infraction, elle entraine la déchéance de la grâce et replace la peine dans son exécution normale[278].

§ 2. La grâce, une mesure préservant l'autorité judiciaire

Dans une conception stricte de la séparation des pouvoirs qui n'admet qu'un pouvoir législatif et un pouvoir exécutif au sein duquel coexistent les autorités administrative et judiciaire, le droit de grâce se révèle être une modalité d'application par la première d'une décision rendue par la seconde.

En effet, la puissance exécutive, animée par sa mission de protection de l'ordre public, dispose de l'initiative des poursuites pénales. Le droit de punir étant le corolaire du

[275] Une illustration fréquente d'une commutation est le remplacement d'une peine de réclusion criminelle à perpétuité à une peine à temps.

[276] La grâce vaut exécution de toute la durée de la peine qu'il reste à subir.

[277] La grâce vaut exécution qu'une partie de la peine qu'il reste à subir.

[278] Ch. crim. 6 mai 1953, D. 1953.666.

droit de pardonner, le ministère public, qui constate les infractions, peut choisir d'engager des poursuites ou de relaxer l'individu en cause. Le classement sans suite revient à une sorte de grâce en ce qu'il conduit à l'abandon de toute charge à l'égard d'un transgresseur de la loi que la volonté générale souhaite pourtant voir puni. Ses effets sont même supérieurs à ceux d'une grâce parce qu'ils dispensent de l'exécution de la peine, mais aussi des inconvénients que procure la phase de l'instruction et de l'humiliation provoquée par l'audience publique. En réalité, préservant l'honneur du condamné, le classement sans suite rejoint plus l'amnistie que la grâce dans ses effets. Il se range parmi les formes suprêmes de pardon.

Le droit de grâce n'intervient donc que si le procureur a exercé son droit de poursuite. Pour mieux garantir l'indépendance de l'autorité judiciaire, il relève du président de la République, et non du Gouvernement. Aussi, cette prérogative, nécessaire à tout régime politique en ce qu'elle concourt à l'intérêt général, revient nécessairement au chef de l'Etat car il est le seul à pouvoir l'exercer sans trop froisser les juges, attachés à leurs garanties et soucieux de leur légitimité.

Autrement dit, et aussi étrange que cela puisse paraitre, le cadre constitutionnel de la Ve République énonce que l'exercice du droit de grâce contribue à préserver l'indépendance de l'autorité judiciaire[279]. Deux arguments soutiennent cette idée.

Tout d'abord, par son rôle d'arbitre des institutions et son élévation au-dessus des clivages politiques, la grâce présidentielle met à l'abri l'autorité judiciaire des reproches pouvant lui être adressés en cas de décision inéquitable ou contraire à l'intérêt général. Il convient de rappeler que son

---

[279] Voir notamment l'article 64 de la Constitution.

octroi demeure en principe confidentiel : l'opinion publique ignore le nombre de recours présenté chaque année au chef de l'Etat, l'identité de ses auteurs, les affaires concernées et les grâces effectivement accordées. Les cas médiatiques n'intéressent que des situations qui répondent aux critères du « bon fait divers », notamment en véhiculant des questions de société clivantes[280]. L'exercice du droit de grâce n'est pas prévu pour stigmatiser les erreurs commises par l'autorité judiciaire mais pour les rectifier honorablement, dans le silence des institutions.

Ensuite, son usage rarissime permet de certifier, par le magistrat suprême du pays et chef de l'autorité judiciaire, la masse des décisions rendues par les tribunaux. Sa grâce revient à faire une exception qui confirme la règle selon laquelle le travail réalisé par les magistrats est juste.

Pour ceux qui pensent que l'autorité judiciaire forme un troisième pouvoir, la position consistant à dire que l'article 17 de la Constitution ne viole pas le principe de séparation des pouvoirs s'avère également recevable. En effet, celui-ci n'implique pas une séparation rigide où chaque organe est strictement investi d'une fonction unique. Au contraire, il incombe à un même organe de recevoir quelques attributions des deux autres pour leur faire contrepoids[281]. Par conséquent, les pouvoirs exécutif et judiciaire participent ensemble à la fonction juridictionnelle ; et l'exercice du droit de grâce se comprend comme une marque de collaboration entre eux.

---

[280] La médiatisation de l'affaire Sauvage résultait essentiellement des problématiques véhiculées à l'égard des violences conjugales, notamment en instaurant une légitime défense différée, déjà reconnue dans certains pays (cf. le Canada) et soutenue par de nombreuses associations de lutte contre les violences faites aux femmes.

[281] C'est la fameuse faculté mutuelle d'empêcher énoncée par Montesquieu.

Selon l'ampleur de la grâce accordée, la collaboration est plus ou moins intense. Une grâce partielle traduit une collaboration bienveillante, l'exécutif se montrant soucieux des attributions du pouvoir judiciaire. En revanche, une grâce totale s'apparente à une sanction politique : elle témoigne d'une réprimande de l'exécutif adressée au judiciaire qui s'est transformé, pour un litige précis, en une machine indifférente à toute équité. Dans cette hypothèse, une dialectique vicieuse risque de s'établir et la collaboration de laisser place à l'ingérence et au conflit ouvert. Tel fut le cas de l'affaire Sauvage ou le « pouvoir judiciaire » a répondu à la grâce partielle du Président Hollande par la résistance en n'accordant pas de libération conditionnelle souhaitée ; et la réprobation de l'exécutif à travers une grâce totale a abouti à des invectives envoyées par voie de presse.

En tout état de cause, qu'importe que l'on considère que la théorie de la séparation des pouvoirs en admet deux ou trois, les effets de la procédure du recours en grâce, et ceux de la grâce elle-même, apportent de nombreux gages pour assurer l'indépendance de la justice, tant au niveau de la procédure que de ses effets.

Concernant la procédure, hormis les peines privatives de liberté inférieures à trois mois ainsi que les peines d'amendes dont la somme a déjà été versée au Trésor public[282], l'autorité judiciaire est libre de suspendre la peine du condamné faisant l'objet d'un recours en grâce. En application de l'article 720-1 du code de procédure pénale, le juge de l'application des peines est compétent pour les peines d'emprisonnement inférieures ou égales à deux ans relevant de la matière correctionnelle. La chambre criminelle de la Cour de cassation précise que sa décision procède de sa seule volonté, pour

---

[282] Règle issue d'une circulaire du ministre de la Justice du 29 janvier 1879.

laquelle il n'a de comptes à rendre à personne[283]. Pour les autres peines, les effets de la procédure d'instruction dépendent de la libre appréciation du Procureur général.

Au niveau des effets, l'article 133-7 du code pénal dispose que la grâce « emporte seulement dispense d'exécuter la peine ». L'article suivant ajoute qu'elle « ne fait pas obstacle au droit, pour la victime, d'obtenir réparation du préjudice causé par l'infraction ». Quant à l'article 133-17, il indique que « pour l'application des règles sur la réhabilitation, la remise gracieuse équivaut à son exécution ». Il résulte de ces dispositions que le bénéfice d'une grâce n'affecte pas la condamnation prononcée par le juge : elle la laisse subsister avec ses effets et ses conséquences. En particulier, la sentence reste sur le casier judiciaire, est prise en compte pour retenir l'état de récidive, et le condamné doit s'acquitter d'éventuels dommages et intérêts.

La chambre criminelle de la Cour de cassation considère même que la cour d'assises de renvoi, saisie après annulation d'un premier arrêt de condamnation, doit se prononcer sur l'accusation qui lui est déférée, qu'importe que l'accusé ait bénéficié d'une décision gracieuse car celle-ci laisse subsister la condamnation et la culpabilité de l'individu gracié[284].

Dans un arrêt plus récent, elle signale que les magistrats d'une juridiction de renvoi n'ont pas à se sentir liés par l'octroi d'une grâce lorsqu'ils prononcent une nouvelle peine. En l'espèce, une personne est condamnée par la Cour d'appel de Versailles à une peine de quatre mois d'emprisonnement pour avoir contrevenu à une interdiction définitive de gérer toute entreprise commerciale infligée par le tribunal de commerce de Paris. Par des décrets de grâce collective en date du 16 décembre 1999 et du 11 juillet 2000,

---

283 Ch. crim. 5 février 1979, n° 76-90.683, Bull. crim, n°51.

284 Ch. crim. 10 janvier 1947, Bull. crim., n°14.

le condamné est gracié de sa peine. Toutefois, le juge de cassation admet que la juridiction de renvoi peut de nouveau prononcer une peine de quatre mois dès l'instant où celle-ci n'aggrave pas la peine initiale infligée au détenu, et dans la mesure où « la dispense d'exécution de celle-ci au titre d'une mesure de grâce ne [relève]pas de la compétence des juridictions répressives[285] ».

Le décret de grâce ne préjudicie donc pas aux attributions exercées par les magistrats judiciaires dans la mesure où leurs jugements ne consistent qu'en « la certification d'une chose comme vérité légale[286] » sur la base de prétentions émises par des requérants. En matière pénale, cela correspond à l'authentification pour le pouvoir exécutif d'exercer son droit de punir sur le fondement d'une prescription légale : si le juge accepte sa prétention, le pouvoir exécutif disposera de la faculté de la mettre en œuvre. Aussi, pour reprendre les termes de Joseph Barthélémy, « la grâce laisse subsister entièrement le jugement ; le prévenu avait violé une loi, il demeure acquis que le gouvernement était en droit de lui infliger une peine ; c'est là tout le jugement. Statuant ensuite dans le domaine qui lui est propre, le Gouvernement décide que l'intérêt de l'ordre public n'exige pas la mise en œuvre de son droit de punir, dont la légalité demeure dans l'espèce judiciairement constatée[287] ». En usant de son droit de grâce, le président de la République dispose de ce fait de « la faculté d'empêcher[288] », mais il ne s'arroge pas « la faculté de statuer[289] ».

---

[285] Ch. crim. 10 mars 2004, n°02-88.367.

[286] BARTHELEMY J., « A propos de l'exercice du droit de grâce », *Revue de droit public*, 1913, p. 549.

[287] *Ibid.*

[288] TURK P., *art. cit.* p. 525.

[289] *Ibid.*

Cette prérogative traditionnellement dévolue au président de la République et qui s'attache à préserver l'autorité judiciaire est néanmoins de plus en plus décriée suite à son émancipation sous la Ve République.

Section 2. Une prérogative progressivement décriée en raison de l'émancipation de l'autorité judiciaire

Certaines théories contemporaines de la séparation des pouvoirs influent sur l'audace dont font désormais preuve les juridictions, en particulier le Conseil constitutionnel, pour promouvoir un rôle renforcé de l'autorité judiciaire dans la société (§1). S'est donc progressivement constitué un système judiciaire se dotant de mécanismes efficaces pour freiner la formation des recours en grâce (§2).

§ 1. Une conception renouvelée de la séparation des pouvoirs délégitimant le droit de grâce

Outre l'absence de mention expresse à un « pouvoir judiciaire » dans la Constitution[290], plusieurs éléments font obstacle à la consécration d'un véritable pouvoir judiciaire en ce qu'ils interdisent sa reconnaissance en tant qu'unité organique.

Le premier d'entre eux tient à la dualité étanche de juridiction. L'ordre judiciaire est composé de magistrats soumis à des dispositions statutaires spécifiques, contenues dans l'ordonnance organique n°58-1270 du 22 décembre 1958 relative au statut de la magistrature. En revanche, les conseillers des tribunaux administratifs et des cours administratives d'appel, ainsi que les conseillers d'Etat, qui composent l'ordre administratif, demeurent soumis, en partie, au statut

---

[290] Dont on a démontré qu'il s'agissait d'un argument inopérant pour soutenir l'absence de véritable pouvoir judiciaire.

de la fonction publique d'Etat[291]. De plus, s'ils disposent de garanties identiques à celles des magistrats en « [exerçant] leurs fonctions en toute indépendance[292] » et en ne « [pouvant] recevoir, sans leur consentement, une affectation nounouvelle, même en avancement[293] », celles-ci ne sont pas consacrées au niveau constitutionnel ou organique, mais seulement au niveau législatif.

Le second élément tient à la dyarchie au sein de l'ordre judiciaire lui-même : la situation statutaire des magistrats du siège diffère de celle des magistrats du parquet. L'article 65 de la Constitution prévoit deux formations au sein du Conseil supérieur de la magistrature. La première, compétente à l'égard des magistrats du siège, dispose d'un pouvoir d'avis conforme pour leur nomination : la compétence du Garde des Sceaux est liée. A l'inverse, la seconde, compétente à l'égard des magistrats du parquet, n'a qu'un pouvoir d'avis simple : le Garde des sceaux peut proposer à la nomination un magistrat du parquet alors même que le Conseil supérieur de la magistrature aurait émis un avis négatif[294].

Par ailleurs, l'article 5 de l'ordonnance du 22 décembre 1958 affirme que « les magistrats du parquet sont placés sous [...] l'autorité du garde des Sceaux, ministre de la Justice ». L'article 30 du code de procédure pénale précise que « le ministre de la Justice [...] adresse aux magistrats du ministère public des instructions générales ». Le Conseil constitution-

---

[291] Articles L. 131-1 CJA et L. 231-1 CJA. On mentionnera à titre d'information que l'indépendance des conseillers de tribunaux administratifs et des cours administratives d'appel « exercent leurs fonctions en toute indépendance ».

[292] Articles L. 131-2 CJA et L. 231-1-1 CJA.

[293] Cf. Article 4 de l'ordonnance n°58-1270 du 22 décembre 1958 portant loi organique relative au statut de la magistrature.

[294] Voir note 263.

nel déclare cette disposition conforme à la conception française de la séparation des pouvoirs et au principe selon lequel l'autorité judiciaire comprend à la fois les magistrats du siège et du parquet[295]. Toutefois, la Cour européenne des droits de l'homme ne partage pas cette position. Elle considère que les procureurs qui agissent en qualité de magistrats du ministère public, subordonnés au procureur général puis au ministre de la Justice, ne remplissent pas l'exigence d'indépendance à l'égard de l'exécutif requise par la convention européenne de sauvegarde des droits de l'homme et des libertés fondamentales [296]. Les membres du ministère public français, du fait de leurs liens de dépendance avec l'exécutif, ne peuvent donc pas être qualifiés de « magistrats » au sens de son article 5[297].

Néanmoins, plusieurs auteurs, juristes ou philosophes du droit, cherchent à asseoir une vision renouvelée de la séparation des pouvoirs : l'autorité judiciaire se transformerait en un véritable troisième pouvoir tandis que le droit de grâce perdrait, par ricochet, en légitimité.

Déjà sous le XIXe siècle, là où la justice est reléguée à une simple branche du pouvoir exécutif, certains publicistes adoptent une interprétation subversive de la séparation des pouvoirs. Par exemple, Adhémar Esmein voit dans l'acte de juger l'expression d'une forte puissance politique, au même titre que celles législative et exécutive. D'une part, parce que la justice demeure le premier besoin des nations civilisées. D'autre part, parce que la décision du juge est un préalable indispensable pour l'intervention du pouvoir exécutif. Et de

---

[295] Décision n°2004-492 DC du 2 mars 2004, *Loi portant adaptation de la justice aux évolutions de la criminalité.*

[296] CEDH 3 juin 2003, *Pantea c/ Roumanie*, affaire n°33343/96, §232.

[297] CEDH 10 juillet 2008, *Medvedjev c/ France*, affaire n°3394/03, §61 ; 23 novembre 2010, *Moulin c/ France*, affaire n°37104/06, §56.

résumer : « le bourreau ne peut agir que là où est passé le juge[298] ». Quant à Léon Duguit, il reprend les propos d'Emmanuel Kant[299] pour affirmer que le droit de grâce entre en contradiction avec les principes généraux du droit public moderne. Et de trouver anormal le fait qu'« un chef d'Etat puisse, par sa seule volonté, modifier une situation légale née à la suite d'un arrêt de justice[300] ».

Aujourd'hui, le réalisme[301], courant doctrinal dont l'un de ses plus illustres représentants est Michel Troper, tente de renforcer le rang de l'autorité judiciaire dans une conception restrictive de la séparation des pouvoirs. A Montesquieu proclamant que la puissance de juger est nulle, il rétorque : elle constitue un pouvoir distinct de l'exécutif et du législatif parce qu'elle répond aux conditions fonctionnelles et organiques nécessaires à sa formation.

En premier lieu, les juges exercent un pouvoir discrétionnaire en établissant les prémices des syllogismes juridiques. Ils qualifient la mineure en choisissant une situation de fait parmi d'autres susceptible de recevoir une signification légale[302]. La majeure, c'est-à-dire la prescription légale qui s'applique à la situation choisie, est librement interprétée, le juge devant dégager du texte juridique son sens normatif. Michel Troper explique que « la loi n'est [...] pas une norme générale, mais un énoncé, dont la signification est

---

298 ESMEIN A., *op.cit.*, p. 497.

299 KANT E., *Métaphysique des mœurs, Doctrine du droit*, Paris, G.F. Flammarion, 1994, §49 : « ce serait abaisser la dignité du chef de l'Etat que de jouer le rôle du juge, c'est-à-dire de se placer dans la possibilité de commettre des injustices... ».

300 DUGUIT L, *Traité de droit constitutionnel*, Tome 2, *op. cit.*, p. 318.

301 Ou positivisme juridique.

302 Par exemple, en considérant que des propos outranciers tenus en public relèvent de l'injure et non de la diffamation.

une norme générale. Il faut donc interpréter cet énoncé pour déterminer quelle est la norme générale qu'il exprime. Or l'interprétation est une activité de volonté[303] ». Quant à la sentence rendue, elle relève de l'appréciation du juge : la peine prononcée résulte d'un choix entre un minimum et un maximum tandis que son contenu renferme une prescription. Le caractère discrétionnaire du pouvoir du juge s'accentue d'autant plus que sa position s'impose toujours comme vérité légale, qu'elle soit absurde ou non.

D'un point de vue organique, il est vrai que les actes juridictionnels n'émanent pas d'une autorité unique. C'est là une différence majeure avec le pouvoir législatif où les deux chambres parlementaires concourent ensemble à l'élaboration et au vote de la loi. Toutefois, la diversité des institutions sources de justice est atténuée par le pouvoir hiérarchique des juridictions suprêmes et, dans une moindre mesure, des juridictions d'appel. Un tribunal de première instance ne peut adopter une position divergente à celle de sa Cour d'appel qui ne peut, en principe, nier la jurisprudence dégagée par la Cour de cassation. *In fine*, les juges du fond s'efforcent de rendre des décisions qui s'inscrivent dans un ensemble juridique coordonné et harmonisé, fondé sur des critères de validité objective. En ce sens, le pouvoir judiciaire forme une unité organique et fonctionnelle.

Tirant la conséquence des conclusions réalistes, certains publicistes n'hésitent pas à adopter une conception radicale de la séparation des pouvoirs. Tel est le cas de Dominique Rousseau qui avance l'idée selon laquelle la justice devrait recevoir un rang particulier, celle-ci n'étant plus entendue comme un troisième pouvoir de l'Etat, mais comme un pouvoir transversal de la société : son rôle serait de faciliter les relations entre les espaces civil, public et politique. Et de militer pour la suppression de l'article 64 de la Constitution

---

[303] TROPER M., *Le droit et la nécessité*, Paris, P.U.F., 2011, p. 205.

et du ministère de la Justice, remplacé par une autorité constitutionnelle indépendante, à l'image du Défenseur des droits. Cette nouvelle autorité, composée de magistrats élus et de personnalités extérieures qualifiées, desquelles proviendrait son président, serait chargée de nommer, de former et de sanctionner les magistrats, puis d'élaborer le budget de la justice[304].

Sans qu'il soit nécessaire d'insister plus longuement sur ce point, il semble évident que les appels d'une partie de la doctrine à la promotion d'une conception renouvelée de la séparation des pouvoirs soient entendus par les pouvoirs publics, en particulier par le Conseil constitutionnel. Sur la base de ses normes de référence, il contribue à placer l'autorité judiciaire dans le sillage d'un véritable troisième pouvoir.

Aussi déploie-t-il toutes les potentialités de l'article 64 de la Constitution dans le but de renforcer la place de l'autorité judiciaire dans l'architecture institutionnelle de la Ve République. Cette disposition forme effectivement le ciment organique de l'indépendance de l'autorité judiciaire. En dépit de « l'oxymore[305] » que certains pointent, elle « s'oppose à toute forme d'ingérence qui permettrait au Parlement, au Gouvernement et à toute autorité administrative, même indépendante, et enfin aux justiciables eux-mêmes,

---

[304] ROUSSEAU D., « Le Président peut-il être le garant de l'indépendance de l'autorité judiciaire », *Après-demain*, 2017, p. 17.

[305] BARANGER D., in BARTOLONE C. & WINOCK M. (Dir.), *Refaire la démocratie*, Rapport du groupe de travail sur l'avenir des institutions, 2016, p. 254 : « L'article 64 de la Constitution a fait son temps […]. L'oxymore qu'il contient dans sa rédaction actuelle (une indépendance qui reposer sur la dépendance vis-à-vis d'aucune autorité appartenant à un autre pouvoir de l'Etat) saute désormais aux yeux et n'est plus guère tolérable ».

d'influencer le sens d'une décision juridictionnelle ou de remettre en cause ses effets[306] ».

En particulier, elle crée le Conseil supérieur de la magistrature, dont la composition et les missions sont précisées à l'article 65. A ce titre, le Conseil constitutionnel a proclamé l'indépendance du Conseil supérieur de la magistrature au motif qu'il concourt à l'indépendance de l'autorité judiciaire[307].

Elle énonce ensuite que le statut des magistrats est défini par une loi organique. Cela signifie qu'un projet ou une proposition ne peut être soumis à la délibération et au vote des assemblées parlementaires avant l'expiration de délais renforcés et qu'il ne peut être promulgué en tant que loi organique qu'après l'examen de conformité du Conseil constitutionnel. Lorsque ce dernier opère son contrôle, il s'appuie sur l'article 64 de la Constitution, et non sur l'article 34 en vertu duquel le législateur est compétent pour déterminer le statut des magistrats[308]. Et il n'hésite pas à censurer les dispositions législatives contraires aux principes constitutionnels protecteurs de leur indépendance[309].

---

[306] PRETOT X., « Article 64 » in LUCHAIRE F., CONAC G., PRETOT X., *op. cit.*, p. 1495.

[307] Décision n° 2010-611 DC du 19 juillet 2010, *Loi organique relative à l'application de l'article 65 de la Constitution.*

[308] Autrement dit, si le législateur souhaite modifier le statut des magistrats, il ne peut pas passer par une loi ordinaire.

[309] Pour des exemples, voir : Décisions n° 70-40 DC du 9 juillet 1970, *Loi organique relative au statut des magistrats* : à propos de la participation des auditeurs de justice, avec voix délibérative, à l'activité juridictionnelle ; n° 94-355 DC du 10 janvier 1995, *Loi organique modifiant l'ordonnance n° 58-1270 du 22 décembre 1958 relative au statut de la magistrature* : à propos du respect du principe d'égalité de traitement des magistrats dans leur déroulement de carrière ; n° 2006-545 DC du 28 décembre 2006, *Loi pour le développement de la participation et de l'actionnariat*

Enfin, elle inscrit dans le marbre constitutionnel le principe d'inamovibilité des magistrats du siège. Là encore, le Conseil constitutionnel se montre précoce dans sa garantie et ferme dans ses sommations. Dès 1967, il censure une disposition de loi organique permettant au gouvernement, lorsque les conseillers référendaires à la Cour de cassation ont atteint le terme de dix années assigné par la loi à la durée de leurs fonctions, de pourvoir d'office à leur affectation[310]. Par ailleurs, il invite le législateur organique à déterminer les garanties de nature à concilier les conséquences découlant du caractère temporaire des fonctions de conseiller référendaire à la Cour de cassation avec le principe de l'inamovibilité des magistrats du siège[311].

Le Conseil constitutionnel reconnait également la valeur constitutionnelle du principe de séparation des pouvoirs sur le fondement de l'article 16 de la Déclaration des droits de l'homme et du citoyen dans de nombreuses décisions[312]. Il juge aussi que toute décision de justice a force exécutoire[313]. Dans une décision QPC, il rappelle que le principe de séparation des pouvoirs s'applique à l'égard du président de la République et du Gouvernement et qu'il suppose le respect

---

salarié et portant diverses dispositions d'ordre économique et social : à propos du statut des conseillers prud'hommes.

310 Décision n° 67-31 DC du 26 janvier 1967, *Loi organique modifiant et complétant l'ordonnance n° 58-1270 du 22 décembre 1958 portant loi organique relative au statut de la magistrature.*

311 *Ibid.*

312 Décisions n° 88-248 DC du 17 janvier 1989, *Loi modifiant la loi n° 86-1067 du 30 septembre 1986 relative à la liberté de communication* ; n° 89-258 DC du 8 juillet 1989, *Loi portant amnistie* ; etc.

313 Décision n° 98-403 DC du 29 juillet 1998, *Loi d'orientation relative à la lutte contre les exclusions.*

du caractère spécifique des fonctions juridictionnelles sur lesquelles ils ne peuvent empiéter[314].

Dans ces conditions, on voit mal comment le droit de grâce pourrait être juridiquement justifié par un autre moyen que celui de l'article 17 de la Constitution. Son existence ne se maintient qu'à travers la tolérance du peuple souverain. Mais, en réalité, il commence à « faire tache » dans l'ordre juridique français, eu égard à la conception renouvelée de la séparation des pouvoirs que ses acteurs adoptent progressivement. Sa survivance est d'autant plus discutée que l'autorité judiciaire s'est désormais édifiée en un système apte à prendre en charge toutes les fonctions pour lesquelles on la légitime.

---

[314] Décision n° 2011-192 QPC du 10 novembre 2011, *Mme Ekaterina B., épouse D., et autres [Secret défense]*.

Nous signalons à titre d'information que les juridictions suprêmes et leurs représentants concourent aussi à une meilleure reconnaissance de l'autorité judiciaire. Selon la Cour de cassation, eu égard au « principe constitutionnel qui garantit l'indépendance des magistrats du siège, leurs décisions juridictionnelles ne peuvent être critiquées, tant dans les motifs que dans le dispositif qu'elles comportent » par les pouvoirs législatif et exécutif (Ch. crim. 9 décembre 1981, n°81-94.848, Bull. crim., n°327). De son côté, le vice-président du Conseil d'Etat relie l'indépendance de l'autorité judiciaire avec la garantie des droits et libertés et la promotion d'un Etat de droit moderne (cf. SAUVE J.-M., « La justice dans la séparation des pouvoirs », in Colloque « La séparation des pouvoirs : efficacité, vertus, intérêts », *Entretiens du Jeu de Paume organisés par le Château de Versailles et l'Université de tous les savoirs*, 17 juin 2011 : « L'émergence de l'Etat de droit est indissociable d'une séparation des pouvoirs équilibrée et de la reconnaissance de l'indépendance et de l'autorité de la justice [...]. L'histoire témoigne [...] de ce que la séparation des pouvoirs et l'indépendance de la justice ont été un fondement essentiel et même la matrice de la garantie des droits fondamentaux, sans laquelle il n'est pas de démocratie ». Voir : http://www.conseil-etat.fr/Actualites/Discours-Interventions/La-justice-dans-la-separation-des-pouvoirs)

§ 2. La formation d'un système judiciaire rétif à l'exercice du droit de grâce

Par système, nous entendons un « ensemble d'éléments considérés dans leurs relations à l'intérieur d'un tout fonctionnant de manière unitaire[315] ». A travers ses règles et ses acteurs, l'autorité judiciaire se suffit à elle-même pour réparer la quasi-totalité des situations inéquitables qu'elle produit. Aux différentes étapes du processus juridictionnel, des garanties sont instituées au profit des justiciables pour qu'ils fassent l'objet de décisions justes, de sorte que les recours en grâce n'interviennent que si toutes ces garanties se sont révélées défaillantes.

Dans un premier temps, l'autorité judiciaire se pare de multiples règles de déontologie et d'impartialité pour prévenir la commission d'erreurs d'analyse. Les magistrats se doivent de les respecter afin d'assurer l'équité de leurs décisions et de modérer l'emploi, par les justiciables, des voies de recours extraordinaires.

Guy Canivet, magistrat français, ancien membre du Conseil constitutionnel, écrit dans les colonnes du journal *Le Monde* que « pour tout juge, le prochain, son prochain, c'est le justiciable, la femme ou l'homme qui est devant lui, qui dépend de lui ; qu'il le veuille ou non, entre eux se tisse un lien, s'échange un regard, qui oblige le juge à être juste, à rendre justice. Attendu de lui, ce comportement exige une qualité essentielle : la justesse[316] ». Quoique le style paraisse un peu théâtral, il résume bien l'éthique du magistrat lorsqu'il exerce ses fonctions juridictionnelles. Celle-ci se construit par l'intermédiaire de la formation reçue par les auditeurs de

---

[315] Définition Larousse. Voir ici : http://www.larousse.fr/dictionnaires/francais/syst%C3%A8me/76262

[316] CANIVET G., « Nous rendons la justice les mains tremblantes », *Le Monde*, 6 janvier 2006.

justice à l'Ecole nationale de la magistrature. Profondément remaniée à la suite de l'affaire Outreau, une partie de la pédagogie est désormais consacrée aux « humanités judiciaires[317] ». Selon le site internet de l'école, « les enseignements de ce pôle doivent favoriser la réflexion des auditeurs de justice et des magistrats sur les obligations imposées par l'exercice de leur fonction [...]. Ce programme [...] se fonde sur l'étude des valeurs éthiques et des règles déontologiques qui fondent la confiance en l'institution judiciaire, et qui sont présentes à chaque instant de la carrière du magistrat[318] ». Il concourt ainsi à l'acquisition des treize compétences fondamentales du magistrat parmi lesquelles l'identification, l'appropriation et la mise en œuvre des règles déontologiques, la préparation et la conduite d'une audience ou d'un entretien judiciaire dans le respect du contradictoire ou, encore, la prise d'une décision, fondée en droit et en fait, inscrite dans son contexte, empreinte de bon sens et exécutable[319]. Cette éthique se symbolise également par le serment que le magistrat prononce à l'issue de sa nomination ou lorsqu'il réintègre son corps à la suite d'un détachement[320].

Ces règles élémentaires de déontologie s'appliquent également aux magistrats non professionnels, à l'instar des jurés

---

317 Intitulé du pôle de formation. Il en existe 7 autres : « Processus de décision et de formalisation de la justice civile », « Processus de décision et de formalisation de la justice pénale », « Communication judiciaire », « Administration de la justice », « Dimension internationale de la justice », « Environnement judiciaire » et « Vie économique et sociale ».

318 Site internet de l'Ecole nationale de la magistrature. Voir ici : http://www.enm.justice.fr/Humanites-judiciaire

319 *Ibid.*

320 Article 6 de l'ordonnance n° 58-1270 du 22 décembre 1958 portant loi organique relative au statut de la magistrature : « je jure de bien et fidèlement remplir mes fonctions, de garder le secret des délibérations et de me conduire en tout comme un digne et loyal magistrat ».

d'assises. L'article 304 du code de procédure pénale dispose que chacun d'entre eux doit jurer et promettre « de n'écouter ni la haine ou la méchanceté, ni la crainte ou l'affection ; de [se] rappeler que l'accusé est présumé innocent et que le doute doit lui profiter ; de [se] décider d'après les charges et les moyens de défense, suivant [leur] conscience et [leur] intime conviction, avec l'impartialité et la fermeté qui conviennent à un homme probe et libre ».

Si l'impartialité subjective offre des garanties afin de limiter l'émergence de décisions de justice inéquitables, puis la formation d'éventuels recours en grâce, elle se complète des exigences relatives à l'impartialité objective. Ces dernières se sont essentiellement développées avec l'article 6 de la convention européenne de sauvegarde des droits de l'homme et des libertés fondamentales, ainsi que par la jurisprudence audacieuse de sa Cour. Elles essayent de concrétiser l'adage de Gordon Hewart énoncé en 1924 selon lequel « Justice should not only be done, but should manifestly and undoubtedly be seen to be done[321] ». Parmi les principes institués pour persuader le justiciable de la justesse de la décision qui le touche, mentionnons l'égalité des armes et, plus globalement, le principe du contradictoire. Le droit français semble leur attribuer une portée primordiale comme en atteste leur présence à l'alinéa 1er de l'article préliminaire du code de procédure pénale : « la procédure pénale doit être équitable et contradictoire et préserver l'équilibre des droits des parties ». Indiquons aussi l'obligation de motiver les décisions de justice : prévue à l'article 485 du même code, elle « permet non seulement une meilleure compréhension et acceptation de la décision par le justiciable mais elle est surtout une garantie contre l'arbitraire [car] elle oblige le juge à

---

[321] En français : « Il faut non seulement que justice soit faite, mais aussi qu'elle le soit au vu et au sud de tous » (telle est la traduction adoptée par la Cour européenne des droits de l'Homme, voir : CEDH 15 octobre 2009, *Micallef c/ Malte*, n° 17056/06, § 98).

rencontrer les moyens de défense des parties et à préciser les éléments qui justifient sa décision et rendent celle-ci conforme à la loi[322] ».

Malgré l'existence de ces règles de déontologie et d'impartialité, il arrive que la personne condamnée se sente victime d'une injustice. S'offre alors à elle la possibilité d'exercer un recours en appel ou en cassation, selon la juridiction qui a rendu la sentence attaquée. En principe, le recours en grâce est interdit tant que la décision n'est pas passée en force de chose jugée : le bureau de l'exécution des peines et des grâces du ministère de la Justice rejette systématiquement les demandes tendant à effacer, commuer ou réduire une peine si elle peut encore faire l'objet d'une contestation par les voies légales de l'appel et de la cassation. La mise en place de ces différents niveaux de jugement réduit incontestablement les risques d'erreurs judiciaires et, par suite, la nécessité d'en appeler à la grâce présidentielle.

Dans un second temps, lorsque l'autorité judiciaire échoue dans la prévention de ses erreurs, elle se rabat sur ses moyens de réparation. Ainsi, le droit de grâce se trouve placé en concurrence avec d'autres dispositifs propres au système judiciaire quand il s'agit de modifier une peine issue d'une décision passée en force de chose jugée.

L'article 620 du code de procédure pénale institue un pourvoi dans l'intérêt de la loi et du condamné[323]. Lorsque ce dernier est forclos pour contester un jugement, le Garde des Sceaux devient compétent, sans condition de délai, pour

---

[322] Conseil consultatif de juges européens, avis n°11 à l'attention du Comité des ministres du Conseil de l'Europe sur la qualité des décisions de justice, §35.

[323] « Lorsque, sur l'ordre formel à lui donné par le ministre de la Justice, le procureur général près la Cour de cassation dénonce à la chambre criminelle des actes judiciaires, arrêts ou jugements contraires à la loi, ces actes, arrêts ou jugements peuvent être annulés ».

saisir la Cour de cassation d'un pourvoi. Ce dispositif s'applique à toutes les décisions rendues par les juridictions pénales[324]. Ses conditions de recevabilité restent larges : le pourvoi est accueilli, quand bien même une partie, dans le cadre de la procédure de droit commun[325], ou le garde des Sceaux lui-même[326], en auraient déjà formé un premier. Comme le souligne Olivier de Bouillane de Lacoste[327], de nombreuses erreurs judiciaires sont réparées grâce à ce mécanisme, notamment lorsque la condamnation est prononcée par une juridiction irrégulièrement composée, voire incompétente ; ou lorsque la peine excède le maximum légal, n'est pas prévue par la loi ou méconnait le principe de l'application immédiate de la loi pénale moins sévère. Si la Cour décide de casser l'arrêt, l'affaire est renvoyée pour être rejugée. Bien que le sort du condamné dépende de la portée de l'erreur commise, il apparait dans la majorité des cas plus favorable : sa peine peut être réduite, commuée ; sa condamnation peut même être effacée. Aussi, le pourvoi en cassation dans l'intérêt de la loi provoque parfois des effets plus intéressants que la grâce présidentielle[328].

---

[324] Y compris celles des forces armées en vertu de l'article L.232-1 du code de justice militaire.

[325] Ch. crim., 23 juin 1919, Bull. crim., n°17.

[326] Ch. crim., 30 avril 1969, Bull. crim., n°149. A noter qu'il s'agit d'une véritable avancée dans la mesure où une partie qui a formé un pourvoi en cassation ne peut le réitérer pour contester la décision rendue par la Cour de cassation.

[327] DE BOUILLANE DE LACOSTE O., Fasc. n°10 : Pourvoi en cassation – Pourvoi dans l'intérêt de la loi, *Juris-Classeur – Procédure pénale*, Paris, LexisNexis, 2008, §55.

[328] A titre d'information, l'article 621 du code de procédure pénale prévoit un second pourvoi en cassation dans l'intérêt de la loi, sans qu'il n'ait d'incidence sur la situation du condamné : « Lorsqu'il a été rendu par une cour d'appel ou d'assises ou par un tribunal correctionnel ou de police, un arrêt ou jugement en dernier ressort, sujet à cassation, et

Il en va de même pour le recours en révision. Celle-ci forme « le raisonnable aveu que malgré le double degré de juridiction et le pourvoi en cassation, les décisions judiciaires pourtant revêtues de l'autorité de chose jugée peuvent être entachées d'erreurs[329] ». Durant l'année 2014, il a fait l'objet d'une intense réflexion de la part du législateur qui s'est conclue par l'adoption de la loi n°2014-640 du 20 juin 2014 relative à la réforme des procédures de révision et de réexamen d'une condamnation pénale définitive.

L'ancienne procédure de révision résultait de la loi n°89-431 du 23 juin 1989 relative à la révision des condamnations pénales. Hélas, en raison des critères stricts de recevabilité et d'une interprétation sévère par la jurisprudence de ces derniers, les demandes en révision ne prospéraient pas. Au premier avril 2014, sur plus de 3 358 demandes, seules 84 ont conduit à la saisine de la Cour de révision pour 52 décisions d'annulation, dont 9 pour des affaires criminelles et 43 pour des affaires correctionnelles[330]. Néanmoins, l'annulation se terminait dans plus de 80% des cas par une relaxe[331].

---

contre lequel néanmoins aucune des parties ne s'est pourvue dans le délai déterminé, le procureur général près la Cour de cassation peut d'office et nonobstant l'expiration du délai se pourvoir, mais dans le seul intérêt de la loi, contre ledit jugement ou arrêt. La Cour se prononce sur la recevabilité et le bien-fondé de ce pourvoi. Si le pourvoi est accueilli, la cassation est prononcée, sans que les parties puissent s'en prévaloir et s'opposer à l'exécution de la décision annulée ».

[329] LAZERGES C., « Réflexions sur l'erreur judiciaire », *Revue de science criminelle*, 2006, p. 709.

[330] ALFONSI N., *Rapport n°467 sur la proposition de loi relative à la réforme des procédures de révision et de réexamen d'une condamnation pénale définitive*, Sénat, 16 avril 2014.

[331] *Ibid.*

Un cas unique, réputé plus souple, remplace maintenant les quatre anciens cas d'ouverture du recours en révision[332] : « la révision d'une décision pénale définitive peut être demandée au bénéfice de toute personne reconnue coupable d'un crime ou d'un délit lorsque, après une condamnation, vient à se produire un fait nouveau ou à se révéler un élément inconnu de la juridiction au jour du procès de nature à établir l'innocence du condamné ou à faire naître un doute sur sa culpabilité[333] ». Un cas d'ouverture spécifique est inscrit à l'article 622-1 : il concerne l'hypothèse où un arrêt rendu par la Cour européenne des droits de l'homme sanctionne la France pour méconnaissance, par ses juridictions répressives, des stipulations de la Convention et de ses protocoles additionnels[334]. Deux conditions sont alors

---

[332] Ancien article 622 du code de procédure pénale : « La révision d'une décision pénale définitive peut être demandée au bénéfice de toute personne reconnue coupable d'un crime ou d'un délit lorsque :

1° Après une condamnation pour homicide, sont représentées des pièces propres à faire naître de suffisants indices sur l'existence de la prétendue victime de l'homicide ;

2° Après une condamnation pour crime ou délit, un nouvel arrêt ou jugement a condamné pour le même fait un autre accusé ou prévenu et que, les deux condamnations ne pouvant se concilier, leur contradiction est la preuve de l'innocence de l'un ou de l'autre condamné ;

3° Un des témoins entendus a été, postérieurement à la condamnation, poursuivi et condamné pour faux témoignage contre l'accusé ou le prévenu ; le témoin ainsi condamné ne peut pas être entendu dans les nouveaux débats ;

4° Après une condamnation, vient à se produire ou à se révéler un fait nouveau ou un élément inconnu de la juridiction au jour du procès, de nature à faire naître un doute sur la culpabilité du condamné. »

[333] Article 622 du code de procédure pénale.

[334] Il s'agit de l'ancien recours en réexamen à la suite d'une condamnation prononcée par la Cour européenne des droits de l'homme en matière pénale.

nécessaires pour former un recours. Il faut que la satisfaction équitable attribuée par la Cour au condamné ne suffise pas à réparer les conséquences dommageables occasionnées par la violation constatée. Par ailleurs, le condamné ne dispose que d'un délai d'un an à compter de la notification de l'arrêt rendu par la Cour pour agir.

La liste des requérants susceptibles de former un recours en révision est élargie pour se rapprocher de la *vox populi* distinctive de la grâce : au condamné ou son représentant légal, au ministre de la Justice et aux conjoints, enfants, parents et légataires s'ajoutent les membres du parquet (procureur général près de la Cour de cassation et procureurs généraux près des cours d'appel), ainsi que le partenaire lié par un pacte civil de solidarité, le concubin, les petits-enfants et les arrières petits-enfants.

Les anciennes procédures qui « [entretenaient] une incompréhension légitime pour le justiciable comme pour le citoyen [et qui étaient] à l'origine d'un filtrage trop important des demandes en révision[335] » sont abandonnées au profit d'une nouvelle instituant une Cour de révision et de réexamen unique, divisée en une commission d'instruction et une formation de jugement. La première, composée de cinq magistrats de la Cour de cassation, saisit la seconde « des demandes pour lesquelles elle estime qu'un fait nouveau s'est produit ou qu'un élément inconnu au jour du procès s'est révélé[336] ». La cour de révision et de réexamen, constituée de treize autres magistrats de la Cour de cassation, examine la demande au fond et statue, après une audience publique soumise aux principes du contradictoire, par un arrêt motivé. A la différence du droit de grâce, la révision permet au con-

[335] Voir l'exposé des motifs de la proposition de la loi n°1700 relative à la réforme des procédures de révision et de réexamen d'une condamnation pénale définitive, 14 janvier 2014.

[336] Article 624-1 du code de procédure pénale.

damné, assisté d'un avocat, de faire valoir ses arguments tant pendant la phase d'instruction que pendant le procès. Il est placé au centre de la procédure et exerce une influence significative sur le sens de la décision rendue par la cour.

Enfin, la révision produit des effets forts profitables à l'égard du condamné. En particulier, elle peut entrainer l'annulation de sa condamnation, puis sa suppression du casier judiciaire. En application de l'article 624-7 du code de procédure pénale, « la cour de révision et de réexamen peut également ordonner la suppression des mentions figurant dans les fichiers de police judiciaire, dans le fichier automatisé des empreintes digitales, dans le fichier national automatisé des empreintes génétiques et dans le fichier judiciaire national automatisé des auteurs d'infractions sexuelles ou violentes si, compte tenu de la finalité de ces fichiers, la conservation de ces données n'apparaît plus nécessaire ». L'affaire est alors renvoyée devant une juridiction du même ordre et du même degré, sauf si la tenue de nouveaux débats contradictoires s'avère être impossible : dans ce cas, la cour de révision et de réexamen statue au fond. Si l'innocence du condamné est reconnue, s'ouvre un droit à la réparation intégrale du préjudice matériel et moral causé par la condamnation. A sa demande, la décision proclamant son innocence « est affichée dans la ville où a été prononcée la condamnation, dans la commune du lieu où le crime ou le délit a été commis, dans celle du domicile du demandeur, dans celles du lieu de naissance et du dernier domicile du condamné, s'il est décédé ou déclaré absent ; dans les mêmes conditions, il est ordonné qu'elle soit insérée au Journal officiel et publiée par extraits dans cinq journaux au choix de la juridiction qui a prononcé la décision[337] ». Ultime illustration de l'intérêt de ce recours, la révision offre à toute personne

[337] Article 626-1 du code de procédure pénale.

qui justifie d'un préjudice causé par la condamnation annulée le droit de demander réparation.

Dans un dernier temps, la capacité du système judiciaire à se préserver des erreurs judiciaires s'enrichit de mécanismes de répression de leurs éventuels auteurs.

L'Ancien droit soumet les magistrats à un régime disciplinaire excessivement strict. Robert Jacob informe qu'il « prescrit des sanctions, amendes pécuniaires, mais aussi fréquemment amende honorable emportant la reconnaissance publique et humiliante de la faute, contre le juge qui s'est rendu responsable d'une violation du droit ou d'une erreur judiciaire. Mieux encore, le magistrat est mis à l'amende chaque fois que sa décision se voit réformée en appel. Aux fautes plus graves, déni de justice, abus de pouvoir et surtout corruption, sont attachées des sanctions autrement plus lourdes : bannissement, châtiment corporel, peine de mort[338] ».

Aujourd'hui, si le droit est moins cruel, il n'en demeure pas moins ferme à l'égard des magistrats ayant commis des fautes d'une particulière gravité, notamment à travers l'institution d'un régime disciplinaire complet.

L'article 43 de l'ordonnance du 22 décembre 1958 dispose que « tout manquement par un magistrat aux devoirs de son état, à l'honneur, à la délicatesse ou à la dignité, constitue une faute disciplinaire ». En février 2007, sur une recommandation de la commission d'enquête parlementaire sur l'affaire Outrou, le législateur essaye d'étendre la responsabilité disciplinaire des magistrats à leurs activités juridictionnelles, mais le Conseil constitutionnel censure son initiative au motif que l'indépendance de l'autorité judiciaire et le principe de la séparation des pouvoirs « font obstacle à

---

[338] JACOB R., *Images de la justice. Essai sur l'iconographie judiciaire du Moyen-Age à l'âge classique*, Paris, Le Léopard d'Or, p. 75.

l'engagement de poursuites disciplinaires lorsque cette violation n'a pas été préalablement constatée par une décision de justice devenue définitive[339] ». Finalement, à l'occasion de l'élaboration de la loi organique n° 2010-830 du 22 juillet 2010 relative à l'application de l'article 65 de la Constitution nouvellement issu de la révision constitutionnelle du 23 juillet 2008, le législateur en profite pour énoncer que « constitue un des manquements aux devoirs de son état la violation grave et délibérée par un magistrat d'une règle de procédure constituant une garantie essentielle des droits des parties, constatée par une décision de justice devenue définitive ». Il éteint l'immunité du magistrat dans le cadre de ses fonctions judiciaires, rejoignant ainsi les premières jurisprudences des années 1980 du Conseil supérieur de la magistrature statuant en conseil de discipline à l'égard des magistrats du siège[340].

Par ailleurs, la révision constitutionnelle de 2008 accroit les exigences pesant sur les juges en créant un nouvel alinéa à l'article 65 de la Constitution. Dorénavant, les justiciables peuvent initier des poursuites disciplinaires en saisissant directement le Conseil supérieur de la magistrature. Toujours à travers la loi organique du 22 juillet 2010, le législateur ad-

---

[339] Décision n°2007-551 DC du 1er mars 2007, *Loi organique relative au recrutement, à la formation et à la responsabilité des magistrats.*

[340] CSM 8 février 1981, S044 : « Considérant qu'en vertu du principe fondamental, qui garantit l'indépendance des magistrats du siège, leurs décisions juridictionnelles ne peuvent être critiquées, dans les motifs et dans le dispositif qu'elles comportent, que par le seul exercice des voies de recours prévues par la loi ; que la juridiction disciplinaire ne saurait donc en connaître ;

Considérant, toutefois, qu'un tel principe trouve sa limite lorsqu'il résulte de l'autorité même de la chose définitivement jugée qu'un juge a, de façon grossière et systématique, outrepassé sa compétence ou méconnu le cadre de sa saisine, de sorte qu'il n'a accompli, malgré les apparences, qu'un acte étranger à toute activité juridictionnelle ».

joint à l'ordonnance du 22 décembre 1958 un article 50-3 au terme duquel « tout justiciable qui estime qu'à l'occasion d'une procédure judiciaire le concernant le comportement adopté par un magistrat du siège dans l'exercice de ses fonctions est susceptible de recevoir une qualification disciplinaire peut saisir le Conseil supérieur de la magistrature ». Et d'exposer la procédure d'admission des requêtes[341]. Il convient toutefois de préciser que ce nouvel instrument ne s'applique que pour les fautes de comportement du magistrat, et non celles contenues dans sa décision de jugement. En réalité, la quasi-totalité des plaintes ne passent pas le stade de la recevabilité : depuis 2010, on recense moins d'une poursuite disciplinaire par an engagée à l'issue d'une saisine du Conseil supérieur de la magistrature par un justiciable[342].

En vertu de ces dispositifs de prévention, de réparation et de répression, l'autorité judiciaire se transforme en un véritable système judiciaire, aspirant vers lui les initiatives des justiciables qui s'estiment lésés par des décisions juridictionnelles inéquitables. Elle apparait comme un troisième pouvoir aux frontières hermétiques, caractérisé par l'exhaustivité et la complétude de ses processus de régulation. D'un point de vue organique, elle devient aujourd'hui un concurrent rugueux à l'égard du pouvoir exécutif pour l'empêcher d'user de son droit de grâce. Le président de la République n'en jouit plus qu'à un titre très subsidiaire, lorsque l'autorité judiciaire a laissé exceptionnellement un cas d'espèce lui échapper. Mais cette concurrence organique se dédouble d'une concurrence fonctionnelle : dans sa finalité d'atténuation des peines inutilement trop lourdes au regard

---

[341] Voir aussi article 18 de la loi organique n° 94-100 du 5 février 1994 sur le Conseil supérieur de la magistrature.

[342] LUDET D. « Infaillibles, les juges ? », *Après-demain*, 2017, n°1, p. 34.

de l'intérêt général, le droit de grâce se fait absorber par le développement du droit de l'application des peines.

Chapitre 2. Une concurrence fonctionnelle, le développement du droit de l'application des peines

La progression, tant qualitative que quantitative, des instruments du droit de l'application des peines explique, en partie, l'abandon des grâces collectives alors conçues comme des outils de gestion de la population carcérale (Section 1). Toutefois, à travers les mouvements de déjuridictionnalisation puis d'automatisation de ce même droit, ces grâces semblent se réincarner sous des modalités nouvelles (Section 2).

Section 1. La fin d'un usage impropre de la grâce conçue comme un outil de gestion de la population carcérale

L'existence de deux réponses parallèles à la surpopulation carcérale rend le maintien des grâces collectives incongru aux yeux de l'opinion publique (§1), de sorte que le pouvoir constituant a entrepris de les supprimer lors de la révision constitutionnelle du 23 juillet 2008 (§2).

§ 1. Le recours aux grâces collectives sous la Ve République malgré le développement des aménagements de peine

Ordinairement, on conçoit la grâce dans son aspect individuel : la décision du chef de l'Etat ne concerne qu'un individu pour réparer la décision juridictionnelle inéquitable qui l'a frappée. Ce type de grâce est lié à des considérations d'humanité et d'ordre public. Toutefois, à côté des grâces individuelles coexistent les grâces collectives. Ce sont des grâces qui « [bénéficient] à certaines catégories de condamnés, détenus ou libres, qui ne sont pas nommément désignés par le décret. Elles ne font l'objet ni d'une demande, ni d'un examen individualisé du dossier mais sont généralement décidées à l'occasion d'un évènement jugé important[343] ». Moins mises en avant par les pouvoirs publics et la doctrine publiciste, elles contribuent pourtant à façonner cette institution en l'inscrivant dans des mobiles moins nobles, en lien avec l'exécution des peines.

Leur origine remonte à l'époque antique[344]. Plus récemment, le cours de la IVe République est ponctué de décrets accordant des grâces collectives : à l'occasion des fêtes nationales en 1947, 1951 et 1953, lors de l'avènement au Palais de l'Elysée du Président René Coty en 1954 ou pour des raisons de politique intérieure comme en 1954 afin d'apaiser la situation tendue au Maroc.

Sous la Ve République, Charles de Gaulle et Georges Pompidou n'octroient aucune grâce collective. Il faut attendre un décret du 3 octobre 1974 du Président Giscard d'Estaing pour que l'exercice de cette pratique réapparaisse. Par sa décision, il cherche à récompenser le comportement

---

343 RENAULT M.-H., « Grâce », *Répertoire Dalloz – Droit pénal et procédure pénale*, Paris, Dalloz, 2013, §17.

344 FREYSSINIER A., *op. cit.* p.289 et s.

observé chez certains détenus durant les graves troubles survenus dans les prisons françaises au cours de l'été 1974. La pratique des grâces collectives se systématise ensuite pour acquérir un caractère automatique à partir de l'année 1991, en vaut pour preuve la rédaction des communiqués de presse de l'Elysée annonçant la signature de ce type de décrets : elle abandonne l'expression « des grâces collectives interviennent parfois » pour privilégier celle selon laquelle « des grâces collectives sont traditionnellement accordées »[345].

Instrument de gestion de la population carcérale, l'adoption d'un décret de grâce collective conduit à la libération sèche de 3 000 à 5 000 détenus, et ce malgré la diminution progressive des remises de peine et l'augmentation parallèle des cas d'exclusion. Par exemple, le décret du 4 juillet 1991 prévoit un *quantum* de la remise de peine de dix jours par mois ainsi qu'un plafond de la remise de peine à neuf mois pour les condamnés incarcérés et de quatre mois pour ceux non incarcérés. A l'inverse, celui du 12 juillet 2005 prévoit un *quantum* de la peine identique, mais diminue les plafonds, respectivement à quatre mois et un mois[346]. Quant à la liste des infractions exclues du bénéfice de la grâce collective, les trois premiers décrets sous la Ve République n'en comportent aucune. Une telle liste est introduite par celui du 13 juillet 1985 et se limite à trois cas : les personnes condamnées pour violence contre des surveillants, des policiers ou des gendarmes, celles pour des trafics de stupéfiants ou proxénétisme, celles enfin détenues en état d'évasion. La liste d'exclusions qui accompagne le décret du 12 juillet 2005 interpelle par sa longueur où onze cas sont

---

[345] PONCELA P., « Les grâces collectives à la recherche d'une identité », *Revue de science criminelle*, 2005, p. 926

[346] WARSMANN J.-L., *Rapport n°892, op. cit.*

prévus[347], sans compter toutes les infractions commises en état de récidive légale. Elle s'étend aussi aux individus condamnés pour tentative ou complicité ainsi qu'aux peines prononcées par des tribunaux étrangers si aucune convention internationale ratifiée par la France ne le prévoit.

Cette tendance tente de répondre aux multiples critiques émises à l'égard des grâces collectives[348] tout en maintenant un outil jugé utile à l'exécution de nombreuses peines. Elle traduit par ailleurs la spécificité la distinguant du droit de l'application des peines qui se développe et qui renferme en lui de nombreuses « petites grâces[349] ».

La consécration du droit de l'application des peines provient de l'ordonnance du 22 décembre 1958 portant loi organique relative au statut de la magistrature. Elle créé un juge exclusivement chargé de l'application des peines, en lieu et place d'une commission associant l'administration pénitentiaire avec des magistrats. L'objectif poursuivi consiste à

---

347 Infractions de terrorisme ; crimes contre l'humanité ; crimes et délits constitutifs d'une atteinte à la personne d'un mineur de 15 ans ; trafics de stupéfiants ; violences commises contre les agents de l'administration pénitentiaire ou de la force publique dans l'exercice de leur fonction ; infractions de rébellion à personne dépositaire de l'autorité publique ; prises illégales d'intérêts, corruption et trafics d'influence ; homicides involontaires commis à l'occasion de la conduite d'un véhicule ; infractions commises à raison de, ou avec la circonstance aggravante de, l'appartenance de la victime à une ethnie, une nation, une race ou une religion déterminées ou à raison de son orientation sexuelle ; infractions d'atteinte volontaire à la vie ou à l'intégrité corporelle ; infractions de viol et d'agression sexuelle quand la peine prononcée est une réclusion criminelle ou un emprisonnement égal ou supérieur à cinq ans ; infractions d'évasion ; condamnés se trouvant en état d'évasion.

348 Voir par exemple : *ibid.*, LAVIELLE B., « Décrets de grâces collectives : plus ça va, moins ça va », *Gazette du Palais*, 2000, n°88, p. 19.

349 RENAUT M.-H., « Faut-il supprimer le droit de grâce », *art. cit.*, p. 575.

délaisser une vision purement administrative, détachée de toute subjectivité, de l'exécution des peines, pour la confier à l'autorité judiciaire, réputée plus à même de répondre à l'objectif de l'individualisation des peines.

D'après Florence Staechele, « le juge d'application des peines est la condition même de la légitimité profonde des décisions du juge du siège[350] » car il permet à la peine de remplir toutes ses fonctions. Aux considérations tradition-nelles, tels la rétribution, l'intimidation, l'élimination ou, encore, l'amendement, ce magistrat fait entrer la punition dans une finalité plus moderne, axée sur la resocialisation du condamné[351]. Il augmente l'efficacité de la sanction pénale, en particulier au niveau des courtes peines inférieures à deux ans, où le taux de récidive reste élevé, en vertu d'une gestion plus appropriée de la situation des condamnés.

Si la grâce collective et le droit de l'application des peines concourent tous les deux à une meilleure exécution des peines et à un désengorgement des prisons, ils s'éloignent sur les buts invoqués et les méthodes employées.

En premier lieu, le droit de l'application des peines s'inscrit dans une lutte affichée de réduction de la récidive. Sa finalité s'oppose à celle des décrets de grâce collective qui autorisent des sorties sèches de prison dans une logique de masse comptable. Plus soucieux d'un régime général de

---

350 STAECHELE F., « Le juge de l'application des peines, magistrat du siège ou administrateur judiciaire ? », *Revue de science criminelle*, 1991, p. 385.

351 Voir notamment décision n°93-334 DC du 20 janvier 1994, Loi instituant une peine incompressible et relative au nouveau Code pénal et à certaines dispositions de procédure pénale, cons. 6 : « l'exécution des peines privatives de liberté en matière correctionnelle et criminelle a été conçue, non seulement pour protéger la société et assurer la punition du condamné, mais aussi pour favoriser l'amendement de celui-ci et prépa-rer son éventuelle réinsertion ».

l'exécution des sanctions pénales qui « vise à préparer l'insertion ou la réinsertion de la personne condamnée afin de lui permettre d'agir en personne responsable, respectueuse des règles et des intérêts de la société et d'éviter la commission de nouvelles infractions[352] », le droit de l'application des peines offre à ses juridictions des pouvoirs étendus. Ces derniers se retrouvent à l'article 712-16 du code de procédure pénale : examens, auditions, enquêtes, expertises, réquisitions et « toute autre mesure, permettant de rendre une décision d'individualisation de la peine ». Il s'agit de permettre aux juridictions d'application des peines de se livrer à un examen *in concreto* de la situation des condamnés ; et de prendre ensuite leurs décisions à l'appui de critères aussi divers que la sincérité et la viabilité de la démarche d'insertion, la qualité du projet de sortie, les antécédents judiciaires, le comportement en détention ou, encore, la volonté de rupture avec son environnement initial[353].

En deuxième lieu, à la différence des décrets de grâce collective qui se contentent d'écourter les peines par des remises plus ou moins larges selon la catégorie de condamnés visée, le droit de l'application des peines offre aux juges une panoplie de mesures destinées à répondre au mieux aux situations qui se présentent à lui.

Un premier groupe de mesures d'aménagement concerne la durée de la peine, dans lequel on retrouve les dispositifs de fractionnement et de suspension de peines. Ainsi du crédit de réduction de peine qui bénéficie automatiquement à tous les condamnés selon les proportions suivantes : trois mois pour la première année, deux mois pour les années suivantes et, pour les peines inférieures à un an, sept jours par mois.

---

[352] Article 707-II du code de procédure pénale.

[353] JANAS M., « Le JAP, acteur essentiel pour lutter contre la récidive », *AJ Pénal*, 2005, p. 347.

En revanche, en cas de mauvaise conduite en détention, le crédit peut être retiré sur décision du juge de l'application des peines après saisine du chef d'établissement ou sur réquisitions du procureur de la République[354]. Par suite, le juge de l'application des peines, après avis de la commission de l'application des peines[355], peut accorder une réduction supplémentaire de peine aux condamnés qui manifestent des efforts sérieux de réadaptation sociale[356]. Cette réduction va jusqu'à trois mois par année d'incarcération ou sept jours par mois en cas de peine privative de liberté inférieure à un an. Soit, elle est prononcée une seule fois lorsque l'incarcération dure moins d'une année, soit par fraction annuelle. En revanche, elle ne s'adresse pas aux auteurs d'infractions graves commises sur un mineur et prévues à l'article 706-47 du code de procédure pénale. En définitive, on retrouve dans ces deux dispositifs une logique similaire à celle des décrets de grâce collective : automaticité, annualité et catégories d'infractions exclues des remises de peine. Mais le rôle joué par le juge de l'application des peines dans la modération de leur usage contraste avec l'indifférence du président de la

---

354 D'autres cas de retraits sont énoncés à l'article 721 du code de procédure pénale.

355 Présidée par le juge de l'application des peines, elle se compose du procureur, du chef d'établissement, ainsi que des membres du personnel de surveillance et du service pénitentiaire d'insertion et de probation. Son avis est sollicité pour les réductions de peine, mais aussi pour les autorisations de sortie sous escortes et les permissions de sortir.

356 « Notamment en passant avec succès un examen scolaire, universitaire ou professionnel traduisant l'acquisition de connaissances nouvelles, en justifiant de progrès réels dans le cadre d'un enseignement ou d'une formation, en s'investissant dans l'apprentissage de la lecture, de l'écriture et du calcul, ou en participant à des activités culturelles, et notamment de lecture, en suivant une thérapie destinée à limiter les risques de récidive ou en s'efforçant d'indemniser leurs victimes » (article 721-1 du code de procédure pénale).

République vis-à-vis des mérites des bénéficiaires de sa faveur.

Ainsi aussi de la libération conditionnelle. Plus ancienne alternative de droit commun à l'emprisonnement[357], elle est prévue aux articles 729 et suivants du code de procédure pénale et permet à un condamné qui a effectué la moitié de sa peine de sortir de prison, parfois sous réserve de respecter certaines obligations fixées par le juge de l'application des peines. Plusieurs conditions doivent néanmoins être remplies. Outre qu'il faille manifester des efforts sérieux de réadaptation sociale, le condamné doit justifier de l'exercice d'une activité professionnelle ou du suivi d'une formation professionnelle, de sa participation essentielle à la vie de sa famille, de la nécessité de suivre un traitement médical, de ses efforts en vue d'indemniser leurs victimes ou de son implication dans tout autre projet sérieux d'insertion ou de réinsertion. Des libérations conditionnelles particulières concernent les condamnés âgés de plus de soixante-dix ans[358], qui exercent l'autorité parentale sur un enfant de moins de dix ans ayant sa résidence habituelle chez lui ainsi que les femmes enceintes[359].

Ainsi enfin des pouvoirs conférés à l'article 720-1 du code de procédure pénale au terme duquel « en matière correctionnelle, lorsqu'il reste à subir par la personne condamnée une peine d'emprisonnement inférieure ou égale à deux ans, cette peine peut, pour motif d'ordre médical, familial, professionnel ou social et pendant une période n'excédant pas quatre ans, être suspendue ou exécutée par fractions, aucune de ces fractions ne pouvant être inférieure à deux jours ».

---

[357] Elle a été instituée par une loi du 14 aout 1885.

[358] Article 729 du code de procédure pénale.

[359] Article 729-3 du code de procédure pénale.

Un second groupe de mesures d'aménagement porte sur les modalités d'exécution des peines. Tout d'abord, le juge de l'application des peines peut décider de commuer une peine d'emprisonnement ferme en une semi-liberté, un placement à l'extérieur ou un placement sous surveillance électronique. Conformément à l'article 132-6 du code pénal, le condamné bénéficiant d'une semi-liberté est prié de rejoindre l'établissement pénitentiaire à la fin de ses obligations[360], généralement les soirs, puis pendant les week-ends et les jours fériés. S'il est assujetti au bénéfice d'un placement à l'extérieur, il exerce ses activités en liberté et doit passer son temps libre dans un centre agréé par le ministère de la Justice. Quant à l'exécution de la peine sous bracelet électronique, elle revient *in fine* à une assignation à résidence. L'article 132-26-2 du Code pénal dispose que « le placement sous surveillance électronique emporte, pour le condamné, l'interdiction de s'absenter de son domicile ou de tout autre lieu désigné par le juge de l'application des peines en dehors des périodes fixées par celui-ci. [... Il] emporte également [...] l'obligation de répondre aux convocations de toute autorité publique désignée » par ce juge. Pour bénéficier de l'un de ces trois dispositifs d'aménagements, le condamné doit subir une peine privative de liberté inférieure à deux ans. S'il est en état de récidive légale, la peine restant à subir devient inférieure à un an. En outre, le juge de l'application des peines peut subordonner la libération conditionnelle du condamné à l'exécution, à titre probatoire, de l'une de ces mesures d'aménagement.

Ensuite, le tribunal de l'application des peines, créé par la loi du 9 mars 2004, peut accorder un relèvement ou une remise de la période de sûreté. Définie à l'article 132-23 du

---

360 Activité professionnelle, enseignement, formation professionnelle, recherche d'un emploi, stage, participation à la vie de famille, traitement ou projet d'insertion ou de réinsertion.

Code pénal, cette période concerne les condamnations à une peine privative de liberté, non assortie du sursis, dont la durée est égale ou supérieure à dix ans. Elle consiste à priver le condamné « des dispositions concernant la suspension ou le fractionnement de la peine, le placement à l'extérieur, les permissions de sortir, la semi-liberté et la libération conditionnelle » pendant la moitié de sa peine ou, s'il s'agit d'une condamnation à la réclusion criminelle à perpétuité, pendant dix-huit ans portés jusqu'à vingt-deux ans sur décision spéciale de la Cour d'assises. Mais pour prétendre à un tel aménagement, le condamné doit manifester « des gages sérieux de réadaptation sociale ».

En dernier lieu, le droit de l'application des peines s'oppose aux grâces collectives en ce qu'il ne consent nullement des faveurs aux condamnés. Les décisions qu'il produit ont une nature pénale, elles s'érigent en de véritables peines. En effet, les dispositifs d'aménagement résultent de rapports intersubjectifs. La juridiction de l'application des peines les décide conformément aux données du condamné dont elle dispose. Elle les accompagne souvent d'obligations diverses listées aux articles 132-44 et 132-45 du Code pénal : garder des relations régulières avec le juge de l'application des peines ou un travailleur social, exercer une activité professionnelle ou suivre une formation professionnelle, rester à heures fixes chez soi, se soumettre à des traitements de soins, indemniser les victimes, ne pas conduire certains types de véhicules, ne pas entrer en relation avec certaines personnes, etc. Le service pénitentiaire d'insertion et de probation intervient en tant que mandataire des juridictions d'application des peines pour assister le bénéficiaire d'un aménagement et les informer en cas de méconnaissance de ses obligations[361]. Une telle méconnaissance risque d'entrainer une incarcération provisoire du condamné sur

---

[361] Voir les articles D. 573 à D. 575 du code de procédure pénale.

simple ordonnance du juge de l'application des peines. A l'issue d'un débat contradictoire tenue en audience publique, l'aménagement devient passible d'une révocation ou d'un retrait.

Depuis une vingtaine d'années, le succès du droit de l'aménagement des peines ne se dément pas. Les chiffres publiés par l'administration pénitentiaire indiquent que l'ensemble des aménagements en cours d'exécution de peine atteint 37 973 en 2013 alors qu'il n'était que de 14 783 en 1990, soit une augmentation de plus de 256 % en vingt-trois ans. Le recours de plus en plus fréquent à ces dispositifs, notamment depuis l'instauration du bracelet électronique au début des années 2000, rend l'usage des grâces collectives complètement désuet. Celles-ci deviennent inappropriées, si ce n'est illégitimes, aux yeux de l'opinion publique. Face aux sévères critiques adressées aux décrets de grâce collective de 2004, 2005 et 2006, le constituant se saisit de la révision constitutionnelle du 23 juillet 2008 pour circonscrire l'usage de la grâce présidentielle aux seuls cas individuels.

§ 2. La suppression du droit de grâce collective par la révision constitutionnelle du 23 juillet 2008

Le droit de grâce collective occupe une place importante au cours des réflexions menées sur les institutions de la Ve République pendant les années 2007 et 2008. Dans son rapport, le comité Balladur propose sa suppression en ce qu'il ne peut se convertir en « des mécanismes de régulation de l'engorgement des lieux de détention[362] ». Sa proposition de modification de l'article 17 de la Constitution reste cependant silencieuse quant à la prohibition de telles grâces car elle se contente d'encadrer le droit de grâce par un avis obliga-

---

[362] BALLADUR E., *Une Ve République plus démocratique - Comité de réflexion et de proposition sur la modernisation et le rééquilibrage des institutions de la Ve République*, Paris, La documentation française, 2007, p. 19.

toire du Conseil supérieur de la magistrature. L'idée qui l'anime est alors de renouer avec l'esprit de la IVe République, de mieux respecter les prérogatives de l'autorité judiciaire et « d'éviter certaines dérives qui ont pu choquer la conscience publique[363] ». Aussi, cherche-t-il probablement à ne pas consacrer une argutie juridique superflue, le droit de grâce ayant, à ses yeux, une nature individuelle.

Même si le Gouvernement s'inspire beaucoup des propositions du comité Balladur pour élaborer son projet de loi constitutionnelle de modernisation des institutions de la Ve République, l'article 6 de ce dernier s'en éloigne quelque peu. En effet, il interdit explicitement l'usage des grâces collectives en disposant que « le président de la République a le droit de faire grâce à titre individuel… ». Cette modification substantielle, et différente de celle proposée par le comité Balladur, de l'article 17 de la Constitution apporte une réponse politique aux vives protestations soulevées par les grâces collectives, tant au sein de l'opinion publique que de la doctrine.

D'une part, l'opinion publique ne comprend pas pourquoi des milliers de détenus bénéficient chaque année d'une libération sèche sans distinction particulière de mérite. Le décret du 12 juillet 2005 a permis de libérer plus de 5 000 détenus n'ayant pas spécialement fait preuve d'une volonté de réinsertion manifeste ou n'ayant pas observé un comportement exemplaire au cours de leur détention. Ses effets ont conduit à la non-exécution de 8% des peines privatives de liberté et ont diminué le temps de détention de 7%[364]. Le décret du 11 juillet 2006 réduit à 4 000 le nombre de bénéficiaires de la grâce présidentielle, sans pour autant parvenir à faire taire les critiques. L'accroissement de peines papiers

---

363 *Ibid.*

364 TURK P., *art. cit.*

ainsi que sa corrélation avec l'augmentation de la récidive créent un fort sentiment d'impunité au sein de la société.

D'autre part, la doctrine met en avant les multiples défauts entourant cette pratique. Parmi eux, la rupture de l'égalité des usagers du service public pénitentiaire. Les personnes qui peuvent bénéficier de la grâce collective du 12 juillet 2005 sont les condamnés à une peine privative de liberté mis sous écrou avant le 15 juillet 2005 ou les condamnés détenus ayant fait l'objet d'un prolongement de leur détention, sous réserve que la peine devienne exécutoire avant le 28 juillet 2005. Ainsi, toute chose égale par ailleurs, un détenu qui n'entre pas dans ce cadre temporel ne peut bénéficier de la mesure gracieuse, quand bien même il aurait fait preuve d'une véritable volonté de réinsertion à travers une attitude positive en détention. La formule employée par Godefroy du Mesnil du Buisson et Elisabeth de Andreis résume bien la situation : « selon que vous serez jugé avant ou après le 14 juillet, les jugements de Cour seront ou non annulés dans leurs effets[365] ». La récompense d'un comportement exemplaire est reniée par la volonté arbitraire d'un seul homme, ce qui fait naître chez les principaux intéressés un sentiment d'incompréhension, si ce n'est d'injustice. Indirectement, une poussée de la violence et une détérioration des conditions de travail du personnel pénitentiaire en résultent.

A cela s'ajoute que le décret de grâce collective n'intéresse que les personnes condamnées à une peine d'emprisonnement, et non celles condamnées à une peine alternative. Cela revient à remettre fondamentalement « en cause l'échelle de gravité des sanctions pénales[366] » car, si l'on

---

[365] DU MESNIL DU BUISSON G. & DE ANDREIS E., « Pénélope et la Justice », *Champ pénal/Penal field*, 2007. Voir ici : http://champpenal.revues.org/58

[366] PONCELA P., *art. cit.*, p. 926.

raisonne en termes d'utilité, il devient plus avantageux de recevoir une condamnation à une peine privative de liberté que tout autre type de peines. L'auteur d'une infraction sait qu'il fera automatiquement[367] l'objet d'un traitement plus clément s'il est condamné à de la prison ferme plutôt qu'à des jours-amendes ou à des obligations prévues dans le cadre d'un sursis avec mis à l'épreuve. En somme, « qui perd gagne » pour reprendre l'expression de Bruno Lavielle[368].

Dès lors, un tel renversement des valeurs dans l'appréhension de la peine contredit le postulat selon lequel « une peine d'emprisonnement sans sursis ne peut être prononcée qu'en dernier recours si la gravité de l'infraction et la personnalité de son auteur rendent cette peine nécessaire et si toute autre sanction est manifestement inadéquate[369] ». Un postulat d'autant plus ébranlé par l'ajout d'un sentiment de désarroi chez les praticiens dans la mesure où la grâce collective fait table rase d'un travail de plusieurs mois d'enquêtes, d'auditions et d'actes de procédure. Pour donner une certaine effectivité à ce travail, les juges sont placés devant un nouveau « cas de conscience : faut-il prononcer une peine plus élevée que la grâce envisagée, pour être sûr que la sanction soit au moins partiellement exécutée [...] ? Ou décider de la juste peine, en risquant d'avoir un jugement vain puisque non suivi d'effet ?[370] » Le choix de la première op-

---

[367] Automatiquement dans le sens où l'adoption des décrets de grâces collectives a pris un caractère systématique depuis les années 1980.

[368] LAVIELLE B., *art. cit.*, p. 19.

[369] Postulat qui a été énoncé solennellement par l'article 65 de la loi n° 2009-1436 du 24 novembre 2009 pénitentiaire, et que l'on retrouve désormais à l'article 132-19 du Code pénal. S'il a été consacré textuellement bien après 2005 et qu'il n'intéresse que la matière correctionnelle, nul doute qu'il guide depuis longtemps les juges dans le prononcé de leurs sanctions.

[370] DU MESNIL DU BUISSON G. & DE ANDREIS E., *art. cit.*

tion semble avoir été fait, à savoir l'augmentation de la répression : entre 1980 et 1997, les peines correctionnelles privatives de liberté supérieures à cinq ans ont augmenté, passant de 4.1% à 22.3%[371].

Une dernière critique à l'égard des grâces collectives concerne les difficultés qu'éprouvent les juges de l'application des peines à mettre en œuvre les décrets et leurs circulaires ministérielles d'explication. A ce titre, Martine Herzog-Evans en dégage quatre principales[372] : quid des exclusions prévues par les décrets de grâce et les peines confondues[373] ? Quid de l'impact des exclusions posées par un décret de grâce antérieur à la confusion ? Quid du juge des exclusions en préprésence d'un cumul de peines[374] ? Et quid de l'imputation des remises en présence d'un cumul de peines plafonné ?

Les reproches adressés à la complexité du régime des grâces collectives, générateur de difficultés manifestes d'interprétation, sont finalement repris par le rapporteur du projet de loi constitutionnelle à l'Assemblée nationale[375]. Toutefois, l'instrumentalisation de cette prérogative à des fins de gestion de la population carcérale semble davantage justifier sa volonté d'en prohiber l'exercice. Il écrit que « le

---

[371] LAVIELLE B., *art. cit.*, p. 19.

[372] HERZOG-EVANS M., « Complexité du régime des grâces collectives : cumul et non-cumul de peines plurielles », *AJ Pénal*, 2005, p. 280.

[373] La confusion des peines est le « fait de réunir plusieurs peines prononcées distinctement en une seule et de n'exécuter que la plus forte » (cf. CORNU G., *Vocabulaire juridique*, *op. cit.*, p. 235).

[374] Le cumul des peines est le « fait, pour une personne qui a été reconnue coupable de plusieurs infractions, d'avoir à subir successivement les diverses peines prononcées pour chaque infraction » (cf. CORNU G., *Vocabulaire juridique*, *op. cit.*, p.291).

[375] WARSMANN J.-L., *Rapport n°892*, *op. cit.*

débat principal concernant l'usage du droit de grâce porte [...] sur les grâces collectives qui ont pu apparaitre récemment comme une forme dévoyée et excessive du droit de grâce[376] ». Il précise sa pensée lors des débats en hémicycle à travers cette formule parlante : « le droit de grâce collective a en quelque sorte été une drogue que s'est auto-administrée notre système pour tenter de limiter l'inflation carcérale – le *summum* ayant été atteint en 2000, certains détenus ayant bénéficié cette année-là de remises de peine d'une durée excédant celle des peines effectuées. Sans doute s'agissait-il là d'une dégradation de l'utilisation du droit de grâce collective et il me semble positif que le précédent président de la République ait commencé d'en limiter les effets et que le Président actuel ait entrepris d'y mettre un terme[377] ».

En dépit de ces éléments, les parlementaires ne s'accordent pas tous sur la pertinence de limiter le droit de grâce aux seuls cas individuels. En particulier, les sénateurs expriment leurs inquiétudes à l'égard de la situation des prisons françaises et considèrent que le droit de grâce collective constitue une soupape utile pour préserver la dignité des détenus. La politique pénitentiaire occupe d'ailleurs une partie majeure des débats se tenant en séance publique à propos de l'article 6 du projet de loi constitutionnelle[378]. Parmi les

---

[376] *Ibid.* p. 156.

[377] WARSMANN J.-L., Débats Assemblée nationale, 1ere séance du 26 mai 2008.

[378] Il résulte de la lecture de ces débats que certains sénateurs ont profité de la révision de l'article 6 du projet de loi constitutionnelle pour aborder la question de la surpopulation carcérale, et ce alors même que le projet de loi pénitentiaire devait entrer en discussion dans les mois suivants. A cet égard, les propos de la Sénatrice Nicole Borvo Cohen-Seat sont parlants : « nous aurons [...] l'occasion d'en discuter au moment de l'examen de la loi pénitentiaire, si, du moins, celle-ci nous est transmise. En effet, telle l'Arlésienne, nous en parlons beaucoup, mais nous ne la voyons jamais ! » (cf. Débat Sénat, 2e séance du 8 juillet 2008).

propos échangés, on peut retenir ceux de Robert Badinter pour qui l'ampleur d'une grâce présidentielle dépend uniquement de l'appréciation souveraine de son auteur : le constituant ne peut conditionner une prérogative qui relève du plus intime du chef de l'Etat. « Le président de la République, Nicolas Sarkozy, mène une politique en ce qui concerne le droit de grâce qui relève de son appréciation souveraine. Il refuse de procéder à des grâces collectives, contrairement à ses prédécesseurs [...]. C'est son choix personnel [...] Nous ne sommes pas là pour l'apprécier [...]. Mais pourquoi le Président nous demande-t-il de supprimer pour l'avenir [...] une prérogative que ses prédécesseurs ont utilisée parce qu'elle était nécessaire pour faire face à des crises de surpopulation carcérale ? Pourquoi constitutionnaliser un choix personnel de politique pénale et en faire non seulement une loi, mais également un principe constitutionnel liant ses successeurs, confronté à une situation qui peut [...] être dramatique ? [...] Que le Président Sarkozy choisisse de refuser le principe de la grâce collective, c'est une chose. Mais que l'on n'entrave pas dans la Constitution le droit de ses successeurs ![379] ». Sa voix est entendue puisque l'amendement déposé par le sénateur Jean Michel Baylet et défendu par Nicolas Alfonsi, qui supprime en totalité l'article 6 du projet de loi constitutionnelle, au motif que « nous ne sommes pas à l'abri de circonstances exceptionnelles nécessitant le recours au droit de grâce collective[380] », est adopté[381].

Le droit de grâce à titre individuel est réintroduit en seconde lecture par l'Assemblée nationale. Cette fois-ci, le Sénat ne modifie pas la nouvelle formule retenue de l'article 17 de la Constitution. La bataille juridico-politique entre les

---

[379] BADINTER R., Débats Sénat, 2e séance du 8 juillet 2008.

[380] ALFONSI N., Débats Sénat, 2e séance du 8 juillet 2008.

[381] Voir : Débats Sénat, séance du 20 juin 2008, amendement n°386 rectifié.

deux chambres se termine donc sur le terrain de la conciliation : en échange de l'abandon des grâces collectives, l'intervention d'une commission *ad hoc* chargée d'examiner les recours en grâce est abandonnée.

L'octroi de grâces collectives est prohibé depuis dix ans désormais. Est-ce à dire que l'exécutif ne dispose plus de son influence sur l'exécution des peines ? Est-ce à dire que l'autorité judiciaire, métamorphosée en système prédateur, soit parvenue à inclure dans ses attributions la gestion complète des flux carcéraux ? A faire en sorte que l'autorité de ses jugements s'étende à la totalité de ses incidences post-sentencielles ? En réalité, la situation ne semble pas aussi nette. On observe, concomitamment à l'abandon des grâces collectives, un processus de déjuridictionnalisation et d'automatisation du droit de l'application des peines permettant à l'exécutif de retrouver un rôle significatif dans l'exécution des condamnations pénales. Certes la pratique de la grâce collective a disparu, mais elle se présente sous un visage différent afin d'assurer toujours une gestion de masse comptable de la population carcérale.

Section 2. La réincarnation des grâces collectives à travers un processus de déjuridictionnalisation et d'automatisation du droit de l'application des peines

Les origines administratives du droit de l'application des peines n'empêchent pas la naissance d'un mouvement de juridictionnalisation entre les années 2000 et 2004 (§1). Toutefois, les espoirs suscités laissent place à la désillusion depuis l'entrée en vigueur de la loi pénitentiaire du 24 novembre 2009, cette dernière ayant initié un mouvement inverse destiné à permettre des libérations de détenus par milliers, retrouvant alors les finalités que remplissaient les feux grâces collectives (§2).

§ 1. Le droit de l'application des peines, entre droit administratif et droit pénal

Jusqu'à une époque encore récente, le caractère judiciaire ou administratif du droit pénitentiaire, auquel se rattache le droit de l'application des peines, demeure incertain. L'une des causes de cette ambiguïté découle de la dénomination des décisions prises par le juge de l'application des peines. Certes, il s'agit, dès 1958, d'une fonction attribuée à plein temps à un magistrat du siège, signe de l'intérêt que la société porte à l'individualisation des peines. Néanmoins, le Conseil d'Etat estime que les décisions qu'il prend restent administratives et ne peuvent faire l'objet de recours que devant la juridiction administrative[382]. Le législateur les qualifie ensuite de « mesures d'administration judiciaire » à travers la loi n°78-1097 du 22 novembre 1978 modifiant certaines dispositions du code de procédure pénale en matière d'exécution des peines privatives de liberté. Il les classe alors comme de simples actes de gestion[383]. Entre l'adoption de la loi et sa promulgation, 60 députés saisissent le Conseil constitutionnel en faisant valoir que cette qualification est contraire à la Constitution, notamment en ce qu'elle méconnaitrait les compétences de l'autorité judiciaire et son

---

[382] CE sect. 5 février 1971, *Garde des Sceaux, ministre de la justice c/ Dame veuve Picard*, n°74850, Rec. p. 102.

[383] Au même titre que le règlement des audiences et du rôle des affaires, de la délégation et du roulement des magistrats, de la désignation des juges de la mise en état, des magistrats appelés à statuer, de la jonction d'instances, de la radiation du rôle, de l'ordonnance de clôture, du renvoi à la formation collégiale, etc. Voir : GUINCHARD S. & DEBARD T. (Dir.), *op. cit.*, p. 698.

Une catégorie qui rejoint en grande partie celle des mesures d'ordre intérieur pour lesquelles le juge administratif refuse d'en connaitre afin de ne pas encombrer les juridictions administratives et parce qu'elles déploient des effets juridiques trop mineurs pour considérer qu'ils puissent faire grief.

indépendance. Mais les juges de la rue de Montpensier se rattachent à la conception du Conseil d'Etat pour considérer « qu'en droit pénal les décisions relatives aux modalités d'exécution des peines sont par nature distinctes de celles par lesquelles celles-ci sont prononcées ; que, par suite, l'application de ceux des principes fondamentaux reconnus par les lois de la République qui régissent les condamnations ne s'impose pas en ce qui concerne les décisions relatives aux modalités d'exécution des peines ». Et de poursuivre : « aucune disposition de la Constitution ni aucun principe fondamental reconnu par les lois de la République n'exclut que les modalités d'exécution des peines privatives de liberté soient décidées par des autorités autres que les juridictions ». Autrement dit, il admet le caractère administratif des décisions du juge de l'application des peines.

La qualification de « mesure d'administration judiciaire » emporte plusieurs conséquences pour le potentiel bénéficiaire d'un aménagement de peine. La plus importante tient sans doute au fait qu'il ne jouit d'aucune des garanties du procès équitable telles qu'énumérées par la convention européenne de sauvegarde des droits de l'homme et des libertés fondamentales et précisées par la jurisprudence de la Cour : le juge de l'application des peines prend sa décision sans audience publique, sans recueillir ses observations, sans la motiver, etc.

En revanche, si, en principe, les mesures d'administration judiciaire ne sont susceptibles d'aucun recours contentieux, tel n'est pas le cas de celles prononcées par le juge de l'application des peines. En effet, l'ancien article 733-1 du code de procédure pénale, issu de la loi du 22 novembre 1978, dispose qu'elles « peuvent être annulées [...] pour violation de la loi sur recours porté devant la chambre d'accusation, dans les vingt-quatre heures de la notification qui en est faite au procureur de la République ». La loi n°86-1021 du 9 septembre 1986 relative à l'application des peines améliore ces modalités de contestation en prévoyant que les décisions relatives à la suspension ou au fractionnement de la peine, au placement à l'extérieur, à la semi-liberté, aux permissions de sortir et à la libération conditionnelle « peuvent, à la requête du procureur de la République, être déférées devant le tribunal correctionnel » dans un délai de vingt-quatre heures. A l'inverse, les crédits de réduction de peine et les réductions supplémentaires de peine, les autorisations de sortie sous escorte, les réductions du temps d'épreuve et les révocations de libération conditionnelle « ne peuvent être annulées [...] que pour violation de la loi ».

En réalité, si la décision du juge de l'application est formellement une mesure d'administration judiciaire, elle se rapproche matériellement d'une décision juridictionnelle. De nombreux auteurs ne manquent d'ailleurs pas de le signaler, à l'instar de François Staechelle, alors président de l'association nationale des juges de l'application des peines : « dire qu'une mesure d'aménagement de peine décidée par un magistrat du siège est une mesure d'ordre intérieur, alors que cette décision, susceptible de recours juridictionnel, concerne directement un justiciable et qu'elle intervient en matière de liberté publique, est une aberration[384] ».

La doctrine publiciste pointe également du doigt l'incohérence de la situation. Le professeur Gilles Guglielmi pense que si la décision du juge de l'application des peines ne constitue pas un acte juridictionnel au sens organique du terme, en raison de l'absence des formes processuelles qui doivent s'y rattacher et de l'exercice partiel des voies de recours, elle s'en apparente d'un point de vue matériel dans la mesure où elle revient à l'application d'un syllogisme. Et de conclure que « dans la plupart des actes du juge de l'application des peines, la coïncidence d'un élément formel, l'autorité de la chose jugée, et d'une considération matérielle,

---

[384] STAECHELE F., *art. cit.*, p. 385.

la qualification du comportement du condamné au regard des conditions fixées par la loi [...] semble déterminante [...] pour leur reconnaitre la qualité d'acte juridictionnel[385] ».

Les années 1990 opèrent finalement un changement de paradigme dans l'appréhension du droit de l'application des peines. La première étape est menée par l'activisme des juridictions suprêmes, sur le fondement d'une célèbre décision rendue par le Tribunal des conflits en 1960 et en vertu de laquelle « il n'appartient qu'à l'autorité judiciaire de connaître des litiges relatifs à la nature et aux limites d'une peine infligée par une juridiction judiciaire et dont l'exécution est poursuivie par le ministère public[386] ». L'entreprise des cours suprêmes débute vraiment avec l'arrêt *Théron* du Conseil d'Etat du 9 novembre 1990. En l'espèce, un condamné se voit refuser par le juge de l'application des peines le bénéfice de quatre-vingt-dix jours de réduction de peine au profit de trente jours seulement. Il saisit le tribunal administratif de Poitiers qui se reconnait compétent pour contrôler la légalité de l'acte, sans toutefois accueillir au fond ses conclusions. Saisi en cassation, le Conseil d'Etat rejette le pourvoi pour irrecevabilité en adoptant un revirement de jurisprudence : « il n'appartient pas à la juridiction administrative de connaître des litiges relatifs à la nature et aux limites d'une peine infligée par une juridiction judiciaire et dont l'exécution est poursuivie à la diligence du ministère public ». Le juge administratif est désormais incompétent pour connaitre des litiges nés des décisions du juge de l'application des peines par lesquelles il accorde une réduction de peine privative de liberté parce qu'elles ne sont pas de simples modalités du traitement pénitentiaire, mais constituent des mesures modifiant les

---

[385] GUGLIELMI G.-J., « Le juge de l'application des peines est-il un chiroptère ? » *Revue de science criminelle*, 1991, p. 622.

[386] TC 22 février 1960, *Fargeau d'Epied*, n° 01647, Rec. p. 855.

limites de la peine[387]. Invitant l'ordre judiciaire à en connaitre, la chambre criminelle de la Cour de cassation admet sa compétence de manière implicite[388], avant de l'affirmer explicitement dans une décision rendue le 12 juin 1996[389]. Mais, en dépit de cette clarification des compétences, les recours contre les décisions du juge de l'application des peines ne prospèrent pas car seul le procureur de la République peut en former dans l'intérêt de la loi, conformément à l'article 733-1 en vigueur à cette époque[390].

Une seconde étape est donc nécessaire, et elle est menée par la doctrine qui multiplie les contributions en faveur de la juridictionnalisation du droit de l'application des peines. Sans conteste, l'un de ses plus ardents militants est la professeure Martine Herzog-Evans. Dans un article publié dans la *Revue de science criminelle* en 1999, elle met en avant l'urgence démocratique et juridique qu'il y a à ériger le juge de l'application des peines en véritable juridiction de premier degré[391]. Urgence démocratique parce que le condamné a le droit de pouvoir s'adresser à un juge pour contester les actes qui suivent le procès pénal, à l'instar de ceux relatifs à l'exécution de sa peine ; parce que le principe de l'égalité des armes promu par la convention européenne de sauvegarde des droits de l'homme et des libertés fondamentales s'oppose à ce que seul le ministère public puisse contester les décisions

---

387 Il réitère sa position à propos de la libération conditionnelle dont la compétence d'octroi revient, en partie, au Garde des Sceaux, ministre de la Justice (cf. CE sect. 4 novembre 1994, *Korber*, n°157435, Rec.)

388 Ch. crim. 27 avril 1994, n°94-80.651 et n°94-80.736, Bull. crim., n°156.

389 Ch. crim. 12 juin 1996, n°96-80.652, Bull. crim. n°247.

390 *Ibid.*

391 HERZOG-EVANS M., « Le juge de l'application des peines, juridiction de premier degré », *Revue de science criminelle*, 1999, p. 289.

du juge de l'application des peines ; parce que les exigences du contradictoire commandent que chaque partie puisse exposer ses observations et répliquer à celles de l'autre pour faire émerger la vérité[392] ; parce que le principe de séparation des pouvoirs en matière pénale implique l'existence de quatre magistrats, celui des poursuites, celui de l'instruction, celui du jugement et celui de l'exécution du jugement, dans le but de limiter les erreurs judiciaires et de protéger l'individu de l'arbitraire. Une urgence juridique enfin parce que la Cour européenne des droits de l'homme juge que les mesures de réductions de peine reçoivent une nature pénale et que leur prononcé doit se faire dans le respect des exigences du procès équitable[393], de sorte que la France n'est plus à l'abri d'une éventuelle condamnation. Martine Herzog-Evans invite donc le législateur à transposer les grands principes de la procédure pénale au régime du droit de l'application des peines, notamment le contradictoire, l'assistance d'un avocat, la motivation des décisions rendues ou, encore, l'ouverture des voies de recours juridictionnels à l'attention du condamné. Ses propositions sont finalement reprises par la commission Canivet, mise en place par le ministre de la Justice, Elisabeth Guigou, en 1999. Dans son rapport, celle-ci se déclare favorable à « rendre juridictionnelles les décisions du juge de l'application des peines[394] » au motif que « l'absence de recours des détenus contre les décisions du juge de l'application des peines qui leur sont

---

[392] Avant les lois de 2000 et 2004, le condamné ne comparait devant le juge de l'application des peines que si ce dernier le décidait alors qu'il n'existait aucun échange, seul le ministère public disposant d'un droit de parole. Voir *ibid.*

[393] CEDH 28 juin 1984, *Campbell et Fell c/ Royaume-Uni*, série A, n° 80. Voir *ibid.*

[394] CAINET G., *Amélioration du contrôle externe sur les établissements pénitentiaires*, Rapport au Garde des Sceaux, ministre de la Justice, juillet 1999, p. 184.

défavorables provoque de nombreux malaises, litiges ou tensions ».

Quelques mois plus tard, c'est le livre de Véronique Vasseur, médecin-chef à la prison de la Santé[395], qui jette l'opprobre sur l'état des établissements pénitentiaires. Le retentissement médiatique provoqué par cette parution[396] conduit l'opinion publique et la classe politique à prêter davantage de considération au droit de l'application des peines. En particulier, une commission d'enquête à l'Assemblée nationale et une autre au Sénat insistent sur la réponse juridictionnelle à apporter aux aménagements de peine pour améliorer la condition des détenus[397].

Grâce à ces efforts, le droit de l'application des peines finit par s'émanciper de la tutelle du droit administratif pour rejoindre pleinement la sphère judiciaire au moyen de sa juridictionnalisation.

Tout d'abord, la loi n°2000-516 du 15 juin 2000 renforçant la protection de la présomption d'innocence et les droits des victimes convertit une grande partie des mesures d'administration judiciaire non susceptibles d'appel en des décisions juridictionnelles pour lesquelles sont consacrées l'existence d'une voie d'appel, la motivation des décisions,

---

[395] Egalement titre de son livre. VASSEUR V., *Médecin-chef à la Prison de la Santé*, Paris, Le cherche-midi, 2000.

[396] Dont des extraits ont été reproduits en brut dans le journal Le Monde. Voir ici : http://www.lemonde.fr/societe/article/2004/03/29/veronique-vasseur-medecin-chef-a-la-sante_359107_3224.html

[397] MERMAZ L. & FLOCH J., *Rapport de la commission d'enquête n°2521 sur la situation dans les prisons françaises*, Assemblée nationale, 28 juin 2000 ; HYEST J.-J. & CABANEL G.-P., *Rapport de la commission d'enquête n°449 sur les conditions de détention dans les établissements pénitentiaires en France*, Sénat, 29 juin 2000.

l'organisation d'un débat contradictoire et l'assistance d'un avocat[398].

De surcroit, cette loi rénove la libération conditionnelle en reprenant l'essentiel des recommandations formulées par la commission Farge[399]. Jadis de la compétence du Garde des sceaux pour les peines supérieures à dix ans, l'octroi des libérations conditionnelles revient dorénavant aux juridictions d'application des peines. Le juge de l'application des peines est compétent pour les accorder aux personnes condamnées à des peines de dix ans d'emprisonnement ou devant encore subir une peine inférieure à trois ans tandis que la nouvelle juridiction régionale de la libération conditionnelle examine les demandes des autres condamnés. Ses décisions sont susceptibles d'appel devant la juridiction nationale de la libération conditionnelle. Enfin, les critères d'octroi sont élargis pour permettre un déploiement de cet aménagement.

En somme, les réactions à la suite de cette loi demeurent positives. Le rapport d'évaluation, présenté par la députée Christine Lazerges, affirme qu'elle « a profondément modifié la conception traditionnelle de l'application des peines. Le procès pénal ne s'arrête plus, désormais, à la décision de la juridiction de jugement, mais se poursuit tout au long de l'exécution de la condamnation[400] ». Plus précisément, les changements intervenus sur la libération conditionnelle « [ont] permis de relancer cette mesure[401] » : en neuf mois,

---

[398] Seules gardent le qualificatif de mesures d'administration judiciaire les réductions de peine, les permissions de sortir et les autorisations de sortie sous escorte.

[399] FARGE D., *La libération conditionnelle*, Rapport au Garde des sceaux, ministre de la Justice, février 2000.

[400] LAZERGES C., *Rapport d'information n°3501 sur l'évaluation de la loi n° 2000-516 du 15 juin 2000 renforçant la protection de la présomption d'innocence et les droits des victimes*, Assemblée nationale, 20 décembre 2001, p. 21.

[401] *Ibid.* p. 23.

leur nombre a augmenté de 11%, essentiellement au bénéfice des condamnés à des peines comprises entre cinq et dix ans d'emprisonnement, jadis exclus de la libération conditionnelle ; et des condamnés à des peines supérieures à dix ans d'emprisonnement, jadis relevant de la compétence d'un Garde des Sceaux plutôt frileux pour en accorder[402].

La loi n°2004-204 du 9 mars 2004 portant adaptation de la justice aux évolutions de la criminalité achève les réformes engagées en 2000. L'innovation majeure réside dans la suppression totale de la notion de mesure d'administration judi-judiciaire : l'ensemble des décisions du juge de l'application des peines a désormais une nature juridictionnelle et peut faire l'objet d'un appel de la part du condamné. Le législateur opère néanmoins une distinction entre les jugements[403] et les ordonnances[404]. Les premiers s'entourent des garanties liées au débat contradictoire et sont contestables devant la chambre de l'application des peines de la Cour d'appel. Les secondes en sont dépourvues et ne peuvent être attaquées que devant le président de cette chambre : il s'agit de traiter un contentieux de masse dans un souci de célérité de la justice.

L'autre nouveauté de cette loi concerne l'architecture institutionnelle des juridictions d'application des peines. Aux anciennes juridictions régionales de la libération conditionnelle succèdent des tribunaux de l'application des peines, compétents pour les relèvements de la période de sûreté, les

---

402 *Ibid.*

403 Ancien article 712-6 du code de procédure pénale. Les jugements concernent les mesures de placement à l'extérieur, de semi-liberté, de fractionnement et suspension des peines, de placement sous surveillance électronique et de libération conditionnelle.

404 Ancien article 712-5 du code de procédure pénale. Les ordonnances concernent les réductions de peine, les autorisations de sorties sous escortes et les permissions de sortir.

libérations conditionnelles et les suspensions de peine qui ne relèvent pas de la compétence du juge de l'application des peines.

D'autres innovations participent à la juridictionnalisation de l'application des peines telle que l'augmentation des pouvoirs de leurs juges.

En définitive, au sujet de cette loi, la doctrine parle d'« apports considérables [...] à la construction d'un droit de l'application des peines dans sa plénitude de sens[405] », celle-ci « [poursuivant] la modélisation des procédures d'aménagement de la peine selon l'idéal du procès équitable[406] ».

Par conséquent, après plusieurs années, le constat est sans appel : les juridictions d'application des peines occupent un rôle clef dans le régime de l'exécution des peines, à tel point que leurs décisions emportent des répercussions significatives sur l'ambiance générale au sein des établissements pénitentiaires. Comme l'explique Christian Mouhanna[407], une juridiction qui opte pour une politique restrictive d'octroi des aménagements de peine installe, *de facto*, une atmosphère délétère au sein des prisons relevant de son ressort territorial : la pression et le stress augmentent chez les détenus alors que les capacités d'action du personnel pénitentiaire s'amenuisent puisqu'il n'arrive plus à jouer sur la récompense d'une mesure d'application de peine pour conditionner les comportements des détenus. Si, en parallèle,

---

405 GIACOPELLI M., « Réforme du droit de l'application des peines », *Recueil Dalloz*, 2004, p. 2589.

406 *Ibid.*

407 MOUHANNA C, « Le New Public Management et ses limites dans les politiques publiques de justice pénale. Le cas de l'exécution des peines en France », *Droit et société*, vol. 90, no. 2, 2015, pp. 317-332.

le Gouvernement promeut une politique pénale répressive[408], la population carcérale grossit, ce qui alourdit la charge de travail des surveillants et les contraint à mettre en avant le volet sécuritaire de leurs missions au détriment de celui relatif à la réinsertion des condamnés.

Conscient de la portée des aménagements des peines sur la situation en milieu carcéral, l'exécutif tente de reprendre la main sur un droit de l'application des peines laissé en grande partie à l'autorité judiciaire. A défaut de pouvoir prendre des grâces collectives qui ont le mérite de réduire la surpopulation carcérale et d'apaiser rapidement les tensions en prison, il essaye de retrouver une certaine autorité sur les décisions des juridictions d'application des peines, voire de se substituer à elles. Aussi, l'abandon des grâces collectives marque-t-il la fin de la juridictionnalisation du droit de l'application des peines et de sa philosophie axée sur l'individualisation et la réinsertion des condamnés.

§ 2. L'aménagement des peines, nouvel outil de gestion de la population carcérale en lieu et place des grâces collectives

L'enthousiasme d'une législation en faveur de la juridictionnalisation des peines n'est déjà pas suivi par une progression adéquate des moyens. La mission parlementaire sur le traitement de la récidive des infractions pénales parle de « la misère de l'application des peines[409] » et n'hésite pas à déplorer, malgré les avancées des années 2000 et 2004, la situation des juges de l'application des peines, « grands ou-

---

[408] Notamment sous le quinquennat du Président Sarkozy (2007-2012).

[409] CLEMENT P. & LEONARD G., *Rapport d'information n°1718 sur le traitement de la récidive des infractions pénales*, Assemblée nationale, 7 juillet 2004, p. 51.

bliés de la justice[410] ». De même, le rapport d'information sur la mise en application de la loi du 9 mars 2004 affirme que « les moyens consacrés à l'exécution et à l'application des peines sont notoirement insuffisants[411] » avant de réclamer un « renforcement drastique des moyens dévolus à l'exécution et à l'application des peines qui doivent être considérés comme une véritable priorité car, à défaut, c'est l'ensemble de l'édifice pénal qui s'en trouve fragilisé[412] ». L'absence de moyens offerts par l'exécutif est-elle prémonitoire de ce qu'il se passera par la suite ? En tout cas, la juridictionnalisation de l'application des peines se convertit en un « dragon de papier », de sorte que l'espoir qu'elle a suscité chez les praticiens et une partie de la doctrine laisse vite place à la frustration, puis à la désillusion, eu égard à l'action menée par les Présidents Sarkozy et Hollande et de leurs majorités parlementaires au cours des dix dernières années.

Divers facteurs expliquent le mouvement inverse à celui de la juridictionnalisation du droit de l'application des peines. Citons tout d'abord la multiplication des promesses électorales et l'adoption des politiques pénales adéquates, axées sur la répression et l'incarcération. Certes, sous le septennat de Jacques Chirac (1995 – 2002), la population carcérale diminue de 5 341 personnes, passant de 53 935 placés sous écrou à 48 594. Mais, lors de son quinquennat, elle gonfle de 11 809 personnes pour atteindre 60 403 placés sous écrou. Durant le mandat du Président Sarkozy (2007 – 2012), elle s'amplifie de 13 377 personnes afin de parvenir à 73 780. Au 1er janvier 2017, après quatre années et demie d'exercice du

---

410 *Ibid.* p. 52.

411 WARSMANN J.-L., *Rapport d'information n°2378 sur la mise en application de la loi n° 2004-204 du 9 mars 2004 portant adaptation de la justice aux évolutions de la criminalité*, Assemblée nationale, 15 juin 2005, p. 42.

412 *Ibid.* p. 45.

Président Hollande, elle croit encore de 5 016 individus pour s'établir au niveau record de 78 796 placés sous écrou[413]. Dès lors, depuis les années 1990, le taux d'occupation dans les prisons est supérieur à 100%. Malgré une capacité opérationnelle en constante augmentation, les places en établissements pénitentiaires passant de 36 614 en 1990 à 58 681 en 2017, la densité de la population carcérale s'évalue à 116.6% au 1er janvier 2017[414]. Cette surpopulation entraine une dégradation alarmante des conditions de détention.

La promiscuité, la vétusté et l'insalubrité des lieux portent même atteinte aux principes les plus élémentaires de la dignité de la personne humaine. La Cour européenne des droits de l'homme a sanctionné à plusieurs reprises la France pour violation de l'article 3 de la Convention européenne de sauvegarde des droits de l'homme et des libertés fondamentales relatif à la prohibition de la torture, des traitements inhumains ou dégradants. Dans une affaire *Payet c/ France*, elle « conclut que le requérant n'était pas détenu dans des conditions décentes et respectant sa dignité[415] » et juge que « les conditions de détention du requérant en cellule disciplinaire ont été de nature à lui causer des souffrances aussi bien mentales que physiques ainsi qu'un sentiment d'une profonde atteinte à sa dignité humaine. Ces conditions s'analysent donc en un traitement inhumain et dégradant[416] ». Dans une affaire *Canali c/ France*, elle condamne la France au motif que « l'effet cumulé de la promiscuité et des manque-

---

413 Statistiques données par l'administration pénitentiaire. Voir ici : http://www.justice.gouv.fr/prison-et-reinsertion-10036/les-chiffres-clefs-10041/series-statistiques-des-personnes-placees-sous-main-de-justice-26147.html. Voir aussi pour l'année 2017 : http://www.justice.gouv.fr/art_pix/mensuelle_janvier_2017.pdf

414 *Ibid.*

415 CEDH 20 janvier 2011, *Payet c/ France*, n°19606/08, §84.

416 *Ibid.* § 85.

ments relevés aux règles d'hygiène ont provoqué chez le requérant des sentiments de désespoir et d'infériorité propres à l'humilier et à le rabaisser[417] ».

Bien que ces litiges n'intéressent pas directement la France, la Cour se montre également très ferme à l'égard de la surpopulation carcérale, n'hésitant pas à réprimander la Slovénie[418], l'Italie[419], la Belgique[420], la Hongrie[421] ou, encore, la Roumanie[422], sur cette seule cause.

Dans ce contexte, on comprend la nécessité ressentie par certains de faire des aménagements de peine des outils de désengorgement des prisons, de les appréhender non plus dans leur aspect social, caractérisé par un esprit de réinsertion des condamnés méritants, mais dans leur aspect purement comptable, à travers des attributions automatiques et en masse. *In fine*, craignant des juges trop attachés à l'intérêt supérieur de leurs fonctions, l'exécutif, épaulé par sa majorité parlementaire, s'emploie à éteindre le mouvement de juridictionnalisation du droit de l'application des peines à travers l'adoption de lois permettant aux feux grâces collectives de se réincarner sous des formes inédites afin de libérer toujours plus de places en prison.

---

[417] CEDH 25 avril 2013, *Canali c/ France*, n°40119/09, §53.

[418] CEDH 20 janvier 2012, *Mandic et Jovic c/ Slovénie*, n°5774/10 et 5985/10.

[419] CEDH 27 mai 2013, *Torreggiani et autres c/ Italie*, n°43517/09, 46882/09, 55400/09, 57875/09, 61535/09, 35315/10 et 37818/10.

[420] CEDH 20 avril 2015, *Vasilescu c/ Belgique*, n°64682/12.

[421] CEDH 10 juin 2015, *Varga et autres c/ Hongrie*, n° 14097/12, 45135/12, 73712/12, 34001/13, 44055/13 et 64586/13.

[422] CEDH 25 avril 2017, *Rezmives et autres c/ Roumanie*, n°61467/12, 39516/13, 48231/13 et 68191/13.

La loi n° 2009-1436 du 24 novembre 2009, dite « loi pénitentiaire » constitue le premier acte de cette entreprise. Martine Herzog-Evans n'hésite pas à la qualifier de « revanche institutionnelle sur la juridictionnalisation réalisée en 2000 et 2004[423] ». Son titre II contient en effet de nombreuses dispositions relatives aux aménagements de peine pour qu'ils puissent échapper aux juges de l'application des peines.

Il revient sur la nouvelle procédure d'aménagement de peine instituée par la loi du 9 mars 2004 pour consacrer la procédure simplifiée d'aménagement de peine aux articles 723-19 et suivants du code de procédure pénale. Ici, le législateur s'évertue à réparer les dysfonctionnements de l'ancien dispositif pour autoriser une réelle mainmise de l'administration pénitentiaire sur la situation des condamnés à des peines inférieures ou égales à deux ans, ou pour lesquelles il reste un reliquat de peine de même durée[424].

Conformément à l'article 723-20 du code de procédure pénale, alors en vigueur, « le directeur du service pénitentiaire d'insertion examine en temps utile le dossier de chacun des condamnés [...] afin de déterminer, après avis du chef d'établissement pénitentiaire, la mesure d'aménagement de la peine la mieux adaptée à sa personnalité et à sa situation matérielle, familiale et sociale ». Tous les types d'aménagements de peine peuvent être proposés : semi-liberté, placement à l'extérieur, placement sous surveillance électronique et libération conditionnelle[425]. L'article 723-20

---

[423] HERZOG-EVANS M., « Application des peines : la prétendue « bonne partie » de la loi pénitentiaire », *AJ Pénal*, 2009, p. 483.

[424] Les durées prévues sont réduites à un an en cas de récidive légale.

[425] L'exécutif retrouve, en partie, son pouvoir d'octroi en matière de libération conditionnelle, abandonné depuis la loi n° 2000-516 du 15 juin 2000 renforçant la protection de la présomption d'innocence et les droits des victimes.

poursuit que « le directeur, après avoir obtenu l'accord du condamné à la mesure qui lui est proposée, adresse au procureur de la République, en vue de la saisine du juge de l'application des peines, une proposition d'aménagement ». Il peut également assortir son aménagement de plusieurs obligations et interdictions énumérées à l'article 132-45 du Code pénal : exercer une activité professionnelle, suivre une formation professionnelle, résider dans un lieu déterminé, se soumettre à des mesures d'examen médical, de traitement ou de soins, indemniser la victime, etc. A charge ensuite au procureur de la République de transmettre la proposition du directeur au juge de l'application des peines pour homologation. Ce dernier dispose d'un délai de trois semaines pour rendre sa réponse, à défaut de quoi le directeur du service pénitentiaire d'insertion et de probation peut, sur instruction du procureur de la République, exécuter l'aménagement de peine.

L'idée de la procédure simplifiée d'aménagement de peine se résume donc à supprimer toute procédure juridictionnelle pour gagner en productivité. Il s'agit de multiplier l'octroi des aménagements pour les courtes peines en donnant l'initiative à l'administration et en confinant le juge de l'application des peines à un simple rôle d'approbation. Pour reprendre les termes de Martine Herzog-Evans, il s'agit ni plus ni moins d'« une reprise en main institutionnelle [...] qui participe indubitablement d'une volonté de l'Etat de ne point respecter la séparation des pouvoirs[426] ».

Il crée également la surveillance électronique de fin de peine à l'article 723-28 du code de procédure pénale. Ce dispositif s'adresse aux personnes condamnées à une peine d'emprisonnement d'une durée inférieure ou égale à cinq ans à laquelle il reste quatre mois d'emprisonnement à subir

---

[426] HERZOG-EVANS M., « Application des peines... », *art. cit.*, p. 484.

lorsqu'aucune mesure d'aménagement de peine n'a été proposée six mois avant la date d'expiration de la peine, ainsi qu'aux personnes condamnées à une peine inférieure ou égale à six mois et à laquelle il reste les deux tiers de la peine à subir. Il permet de terminer leur peine à l'extérieur de la prison avec le port d'un bracelet électronique. Bien qu'il s'agisse d'un droit pour le condamné, celui-ci peut en être exclu pour différents motifs, notamment en cas « d'incompatibilité entre sa personnalité et la nature de la mesure ou de risque de récidive[427] ». Cependant, eu égard à l'interprétation souple des conditions d'exclusion retenue par la chancellerie, la mesure s'apparente plus à une obligation qu'à une faculté qui échoue au directeur du service pénitentiaire d'insertion et de probation, compétent pour la mettre en œuvre, sous le contrôle du procureur de la République[428]. En définitive, le juge de l'application des peines n'intervient qu'en l'absence de décision de placement sous surveillance électronique, ou en cas de retrait de la mesure à la suite de la méconnaissance des interdictions et obligations mentionnées aux articles 132-44 et 132-44 du Code pénal que le procureur de la République aura fixé. Il ne devient plus que le juge de l'incident.

---

[427] Article 723-28 du code de procédure pénale (abrogé). Les autres motifs sont : l'impossibilité matérielle et le refus de l'intéressé.

[428] Garde des Sceaux, ministre de la Justice, circulaire crim-11-10/E3 du 10 mai 2011 portant sur le premier bilan de l'application des dispositions de l'art. 723- 28 Code de procédure pénale relatives à la SEFIP : « l'incompatibilité de la mesure avec la personnalité du condamné ou le risque de récidive ne peut se caractériser par la seule absence de paiement des dommages et intérêts, le seul défaut d'acquittement des sommes dues au trésor public ou encore la seule inactivité en détention. La révocation d'une précédente mesure d'aménagement de peine ou d'un sursis avec mise à l'épreuve, le rejet d'une précédente demande d'aménagement de peine ou encore la délivrance d'un mandat de dépôt par le tribunal ne peuvent à eux seuls caractériser un risque de récidive ou l'incompatibilité de la personnalité de la personne condamnée avec la mesure ».

Compte tenu de son caractère automatique, la mesure prend rapidement le surnom de grâce électronique. Martine Herzog-Evans explique que ce dernier « renvoie au constat que les grâces collectives annuelles que le Président avait fait interdire purement et simplement à l'article 17 de la Constitution au motif qu'elles étaient non individualisantes et bénéficiaient aux mauvais comme aux bons, désigne bien le fait qu'en réalité c'est un processus quasi-identique qu'il est renvoyé, sinon qu'il ne fait plus intervenir le chef de l'exécutif et que la libération automatique se [fait] dans le cadre d'un placement sous surveillance électronique[429] ».

Il n'est pas difficile de repérer derrière le court-circuitage du juge de l'application des peines le dessein comptable qui s'y cache. Mais, après plusieurs mois d'exercice, la procédure simplifiée d'aménagement de peine et la surveillance électronique en fin de peine enregistrent des résultats décevants. D'après un rapport d'information parlementaire présenté par les sénateurs Jean-René Lecerf et Nicole Borvo Cohen-Seat[430] , durant l'année 2011, sur 18 881 dossiers traités par les services pénitentiaires d'insertion et de probation dans le cadre de la procédure simplifiée d'aménagement de peine, seuls 2 232 ont fait l'objet d'une proposition d'aménagement au Parquet et 820 mesures ont été accordées. Quant à la surveillance électronique de fin de peine, sur 28 876 dossiers traités, 5 493 ont fait l'objet d'une proposition au parquet et seuls 3 069 ont prospéré[431]. Les motifs avancés par les services pénitentiaires d'insertion et de probation pour ne pas accorder une surveillance électronique à un détenu

---

429 HERZOG-EVANS M., « Application des peines… », *art. cit.* p. 485.

430 LECERT J.-R. & BORVO COHEN SEAT N., *Rapport d'information n°629 sur l'application de la loi pénitentiaire n°2009-1436 du 24 novembre 2009*, Sénat, 4 juillet 2012.

431 *Ibid.* p. 62

s'appuient, pour la majorité d'entre eux, sur l'impossibilité matérielle de mettre œuvre la mesure[432]. Entre 2010 et 2015, années durant lesquelles les dispositifs issus de la loi pénitentiaire du 24 novembre 2009 s'appliquent, la population carcérale passe finalement de 60 978 à 66 270, soit une augmentation de 8.68%.

Face à cet échec, le nouvel exécutif, emmené par le président de la République François Hollande, supprime la procédure simplifiée d'aménagement de peine et la surveillance électronique en fin de peine au profit d'une nouvelle procédure, la libération sous contrainte.

A priori, l'intitulé du projet de loi relatif à la prévention de la récidive et à l'individualisation des peines, ainsi que la lecture de son exposé des motifs, laissent présager un retour du juge de l'application des peines, en lieu et place de l'administration et, par voie de conséquence, une vision de l'application des peines plus en phase avec celle qui prévalait au cours des années 2000 et 2004[433].

A posteriori, le dispositif adopté par le législateur n'est guère convaincant. Le nouvel article 720 du code de procédure pénale, issu de la loi n°2014-896 du 15 août 2014 relative à l'individualisation des peines et renforçant l'efficacité des sanctions pénales, institue un examen de la situation de tous les condamnés à une peine privative de liberté d'une durée totale inférieure ou égale à cinq ans et pour qui la du-

---

[432] *Ibid.*

[433] L'exposé des motifs énonce ainsi que « le droit de la peine a été modifié à de très nombreuses reprises ces dernières années, souvent au gré de l'actualité et sans cohérence d'ensemble. Il est devenu particulièrement complexe, parfois contradictoire et pour partie contestable au regard des principes qui le régissent, notamment le principe de l'individualisation de la peine. Force est de constater que les réformes successives n'ont pas permis de démontrer leur efficacité pour mieux prévenir le risque de récidive et éviter de nouvelles victimes ».

rée de la peine accomplie est au moins égale au double de la durée de la peine restant à subir. Il n'existe aucun minimum en deçà duquel la libération sous contrainte ne s'applique pas. Cet examen est obligatoire en ce qu'il intervient dès que le condamné répond à ces critères. Il est effectué par la commission d'application des peines, normalement en l'absence du condamné et d'échange contradictoire. A l'issue de cet examen, le juge de l'application des peines peut accorder tant une semi-liberté, qu'un placement à l'extérieur, un placement sous surveillance électronique, voire une libération conditionnelle. Il prend sa décision par ordonnance motivée au regard des exigences de l'article 707 du code de procédure pénale posant la doctrine en matière d'exécution des peines, à savoir son individualisation et sa finalité de réinsertion.

A travers ce nouveau dispositif, il est recherché « une systématisation des sorties de détention[434] ». L'étude d'impact accompagnant le projet de loi projette l'examen, chaque année, de la situation de 48 000 personnes, pour un taux d'octroi des libérations sous contrainte compris entre 30% et 60%[435]. A l'horizon 2018, une baisse de la population carcérale de 2 200 à 6 200 personnes est espérée. Ainsi, même si les autres procédures d'aménagements de peine,

---

[434] Garde des Sceaux, ministre de la Justice, circulaire du 26 décembre 2014 de présentation des dispositions de la loi n° 2014-896 du 15 août 2014 relative à l'individualisation des peines et renforçant l'efficacité des sanctions pénales applicables au 1er janvier 2015 et portant sur la libération sous contrainte, l'examen obligatoire des peines d'emprisonnement supérieures à 5 ans en vue de l'octroi d'une libération conditionnelle, la suppression de la procédure simplifiée d'aménagement de peine et de la surveillance électronique de fin de peine ainsi que sur la suppression de certains régimes spécifiques applicables aux récidivistes.

[435] Etude d'impact, Projet de loi relatif à la prévention de la récidive et à l'individualisation des peines, p. 106. Soit l'équivalent de 14 400 à 28 800 personnes.

marquées par les garanties du débat contradictoire devant le juge de l'application des peines, restent en place, on comprend que la libération sous contrainte deviendra la procédure de droit commun en la matière. Nous rejoignons donc les propos de Laurent Griffon-Yaka pour qui « la libération sous contrainte s'apparente à une surveillance électronique de fin de peine améliorée prononcée par le juge de l'application des peines, sans véritable contenu, et qui affaiblit à la fois la nécessaire individualisation de la peine et l'efficacité des sanctions pénales[436] ».

Si la loi du 15 aout 2014 marque un retour de la juridictionnalisation du droit de l'application des peines, elle signe aussi la fin de l'aménagement discrétionnaire de peine : les juridictions d'application des peines ne disposent plus de leur large pouvoir d'appréciation pour statuer, *in concreto*, sur la situation d'un condamné. A l'inverse, elle opère le basculement complet de l'aménagement automatique de peine. Cette conception, axée sur un examen mécanisé de la situation des condamnés, en s'appuyant sur les données transmises par l'administration pénitentiaire et sans débat contradictoire, vient surtout phagocyter le régime des courtes peines[437]. Elle revient à autoriser les sorties sèches de prison, à inciter les condamnés à se tenir à l'écart de leur projet de réinsertion. De là découle une hausse de l'insécurité publique avec l'augmentation de la récidive. Les juges sont donc conduits à adopter des comportements d'anticipation en prononçant des peines plus strictes pour faire échapper les condamnés aux dispositifs d'aménagement

---

[436] GRIFFON-YARZA L., « La libération sous contrainte, nouvel oxymore juridique », *AJ Pénal*, 2015, p. 83.

[437] Sur la distinction entre aménagement de peine obligatoire et aménagement de peine automatique, voir : HERZOG-EVANS M., « Nouveaux enjeux de l'application des peines. Les leçons du droit et de la criminologie comparée », *AJ Pénal*, 2011, p. 177.

automatique. Et de là naît un cercle vicieux : augmentation de la durée des peines privatives de liberté, augmentation de la population carcérale, besoin plus fort de développer les aménagements automatiques de peine, et ainsi de suite. Tout compte fait, cette conception fragilise la crédibilité des dispositifs d'aménagements de peine aux yeux de l'opinion publique qui les perçoit plus comme des faveurs au service de l'impunité que comme des outils potentiellement efficaces de réinsertion des détenus et de prévention de la récidive[438]. Le parallèle entre les reproches émis contre ce type d'aménagement et les anciennes grâces collectives se fait naturellement.

*

*   *

La légitimité du droit de grâce semble menacée par le développement de l'autorité judiciaire. Celle-ci se libère du pouvoir exécutif pour devenir un troisième pouvoir, du moins en prend-elle les attributs essentiels. En vertu de ses mécanismes complets et efficaces, elle parvient à régler, de manière indépendante, les erreurs juridictionnelles qu'elle commet, détournant les justiciables de la voie de la grâce présidentielle. Profitant de cette émancipation, elle arrive à occuper une partie du terrain de l'exécution des peines par l'intermédiaire des juges de l'application des peines, devenus compétents pour modifier l'exécution des condamnations pénales. Si leurs fonctions affectent la grâce individuelle, perçue comme un moyen de modifier une peine trop sévère au regard de l'intérêt général, elles ont surtout porté un coup fatal aux décrets de grâces collectives destinés à réguler la surpopulation carcérale. Cependant, revers de la médaille : l'arrêt forcé des grâces collectives par le constituant du 23

---

438 HERZOG-EVANS M., « Nouveaux enjeux de l'application des peines », *art. cit.*

juillet 2008 a entrainé la fin de l'aménagement de peine discrétionnaire et subjectif au profit de celui automatique et objectif.

Conclusion

Les évolutions du droit de grâce sous la Ve République ébranlent sa légitimité. Son champ d'application diminue pour ne plus toucher que les sanctions pénales et militaires, ce qui réduit les risques d'arbitraire : le président de la République n'a plus la main mise sur l'ensemble des décisions de justice, en particulier sur celles relevant du domaine civil, évitant ainsi toute ingérence dans les relations purement privées. Son intervention se justifie alors par des considérations liées à l'ordre public et à l'intérêt général.

Par ailleurs, la procédure du droit de grâce renferme une collaboration étroite avec le bureau de l'exécution des peines et des grâces. Il se compose essentiellement de magistrats, ce qui permet à l'autorité judiciaire de ne pas être complètement dessaisie de l'avenir de ses jugements. Son rôle de filtre des recours en grâce est également fondamental car il génère la formation d'une jurisprudence spécifique de la grâce présidentielle, en phase avec les exigences de l'Etat de droit.

L'exercice du droit de grâce reste d'autant plus conforme aux principes essentiels de notre démocratie qu'il fait l'objet d'un contrôle politique en vertu du contreseing ministériel. Bien que cette formalité ne comporte pas une contrainte forte, elle constitue un outil d'alerte dans l'hypothèse d'une méconnaissance manifeste des droits et libertés, et un outil de pression si le président de la République adopte une position incongrue au regard de l'environnement juridique, social et politique dans lequel elle s'inscrit.

Enfin, des valeurs morales bornent l'exercice du droit de grâce par le biais de l'influence toujours plus croissante du droit international pénal. Au départ, l'incorporation de ses règles s'est faite de manière implicite par l'adoption de résolutions et de conventions appelant à des sanctions sévères et efficaces pour réprimer des infractions graves. Puis, l'incorporation est devenue explicite, les règles du droit international pénal devenant d'application directe, avec l'institution de tribunaux pénaux internationaux.

La pérennité du droit de grâce se discute aussi à cause d'une concurrence à la fois organique et fonctionnelle. L'autorité judiciaire se détache de ses liens de dépendance avec le pouvoir exécutif pour devenir un véritable troisième et contre-pouvoir, dans une interprétation renouvelée et extensive de la théorie de la séparation des pouvoirs. Il en découle l'émergence d'un système judiciaire complet, apte à réparer la quasi-totalité des erreurs commises par les juges. A travers des dispositifs de prévention, de réparation et de répression, le justiciable victime d'une décision juridictionnelle inéquitable est plus incité à se tourner vers l'autorité judiciaire qui lui proposera une solution souvent plus avantageuse que l'octroi d'une grâce présidentielle, notamment en lui présentant des excuses, en effaçant sa condamnation et en lui versant des dommages et intérêts. A cet égard, l'existence d'une voie de révision des condamnations pénales, réformée en profondeur par le législateur en 2014, vient bousculer sensiblement le rang de la grâce.

D'un point de vue matériel, le succès des dispositifs d'application des peines est tel qu'il a supplanté les grâces collectives, désormais prohibées en vertu de la révision constitutionnelle du 23 juillet 2008. Ce succès s'explique par l'augmentation des pouvoirs des juges de l'application des peines et par la juridictionnalisation des procédures. En vertu d'un débat contradictoire avec un détenu préoccupé par sa réinsertion, le juge est armé pour proposer l'aménagement de peine le plus idoine. Les réductions supplémentaires de peine, la semi-liberté, le placement à l'extérieur, le placement sous surveillance électronique et la libération conditionnelle forment autant de « petites grâces » auxquelles peut prétendre un condamné méritant.

En dépit de ces évolutions, le droit de grâce ne nous semble pas totalement désuet. Tout d'abord, on constate que les feux de grâces collectives se réincarnent par le biais d'une déjuridictionnalisation et d'une autonomisation croissante du droit de l'application des peines. Les années comprises entre 2009 et 2014 se sont traduites par un retour brutal de l'administration pénitentiaire dans l'exécution des décisions de justice. La nouvelle procédure d'aménagement de peine et la surveillance électronique en fin de peine indiquent que le caractère administratif du droit de l'application des peines est toujours présent : elles visent à multiplier les sorties de prison dans une logique abstraite et objective afin de réguler la population carcérale, reprenant ainsi la fonction gestionnaire des grâces collectives. L'exécutif nouvellement élu en 2012 et la XIVe législature à l'Assemblée nationale, plus attachés à une autorité judiciaire puissante dans l'organisation des pouvoirs publics, décident d'abandonner ces procédures administratives au profit d'une nouvelle, réputée juridictionnelle : la libération sous contrainte. Il n'en reste pas moins que les finalités qui lui sont attribuées restent identiques : désengorger les prisons en recourant à des libérations de masse. Les grâces collectives demeurent donc bel et bien présentes, même si elles ont changé de visage.

Surtout, le droit de grâce se présente comme l'ultime recours pour corriger une erreur judiciaire dont le traitement aurait échappé au système judiciaire. Il constitue un instrument efficace dans la mesure où tout le monde dispose d'un intérêt pour introduire un recours, le président de la République pouvant même s'autosaisir d'une situation. En outre, l'ampleur de la faveur accordée est circonstanciée à la situation du condamné en raison de ses formes variées : commutation de peine, remise de peine, effacement des peines complémentaires et accessoires, assortiment de conditions, etc. Enfin, le droit de grâce traduit une collaboration nécessaire entre le pouvoir exécutif et l'autorité judiciaire pour garantir la liberté politique des citoyens. Il épouse donc la théorie proposée par Montesquieu : l'exécutif dispose de cette attribution juridictionnelle pour éviter que le pouvoir judiciaire ne se mue en despote.

Par conséquent, le droit de grâce constitue un bien nécessaire, à condition qu'il soit utilisé avec parcimonie, dans un but d'intérêt général, sans chercher à stigmatiser l'autorité judiciaire. Mais pour être pleinement acceptable, il doit être mieux contrôlé. Il convient d'instituer une commission indépendante chargée d'examiner les recours en grâce, en lieu et place du bureau de l'exécution des peines et des grâces. La loi en déterminerait ses règles d'organisation et de fonctionnement. Elle pourrait être composée pour moitié de magistrats et, pour l'autre moitié, de membres issus de la société civile, désignés par les parlementaires. Le président de la République ne pourrait plus s'autosaisir d'une affaire sans que celle-ci n'ait été examinée par la commission. Cette médiation permettrait ainsi au juge administratif d'exercer un examen de légalité des décisions de grâce relatif à l'erreur manifeste d'appréciation, ce qui éteindrait toutes suspicions. A ce sujet, nous ne pouvons que regretter l'échec de l'initiative du Gouvernement Fillon II à l'occasion de la réforme constitutionnelle de juillet 2008 visant à mettre en place une commission des grâces.

De restreint, le contrôle juridictionnel pourrait devenir normal si l'article 17 prévoyait la rédaction d'une loi organique précisant les conditions de fond auxquelles le droit de grâce serait subordonné. Néanmoins, si cet encadrement satisferait en totalité les exigences les plus strictes de l'Etat de droit, il risquerait de porter une atteinte excessive à la substance d'une telle prérogative en signant la fin de son caractère politique, inconditionnel, personnel et intime ; de sorte que le droit de grâce perdrait tout son intérêt.

La procédure du droit de grâce, notamment ses actes préparatoires doivent également faire l'objet d'une plus grande transparence. Certes, nous comprenons le secret qui l'entoure pour des considérations d'intérêt général : il vise à préserver la conscience du chef de l'Etat, la dignité du justiciable et la légitimité de l'autorité judiciaire. Mais il nous semble curieux que la victime d'une personne graciée, ainsi que le condamné qui voit son recours refusé ne puissent obtenir aucune information. Aussi faudrait-il que les décrets de grâce et les actes rejetant de tels recours soient motivés et transmis aux personnes intéressées qui en font la demande. Pour la victime, cela lui permettrait de comprendre la décision du président de la République tandis que pour le condamné, cela l'installerait dans une dynamique positive de réinsertion qui pourrait se conclure par l'octroi d'un aménagement de peine.

Index

L

M

N

O

P

R

S

T

V

Bibliographie

Dictionnaires, encyclopédies et répertoires

ALLAND D. & RIALS S., *Dictionnaire de culture juridique*, Paris, P.U.F., 2003.

BRAIBANT G., DELVOLVE P., GENEVOIS B., LONG M. & WEIL P., *Les Grands arrêts de la jurisprudence administrative*, Paris, Dalloz, 20e édition, 2015.

CERE J.-P., « Peine (nature et prononcé) », *Répertoire Dalloz – Droit pénal et procédure pénale*, Paris, Dalloz, 2016.

CORNU G., *Vocabulaire juridique*, Paris, P.U.F., 10e édition, 2014.

DE BOUILLANE DE LACOSTE O., Fascicule n°10 : Pourvoi en cassation – Pourvoi dans l'intérêt de la loi, *Juris-Classeur – Procédure pénale*, Paris, LexisNexis, 2008.

Documents pour servir à l'histoire de l'élaboration de la Constitution du 4 octobre 1958, Paris, *La documentation française*, 1987.

ETIENNE C. et PERRIER J.-B., Fascicule n°20 : Grâce, *Juris-classeur – Pénal*, Paris, LexisNexis, 2016.

GUINCHARD S. & DEBARD T. (Dir), *Lexique des termes juridiques*, Paris, Dalloz, 24e édition, 2016.

HUET A. & KOERING-JOULIN, Fascicule n°404-10 : Effets en France des décisions répressives étrangères – Autorité de la chose jugée, *Juris-classeur – Droit international*, Paris, LexisNexis, 2013.

LUCHAIRE F., CONAC G., PRETOT X. et ZACHARIE C., *La Constitution de la République française. Analyses et commentaires*, Paris, Economica, 3e édition, 2009.

RENAUT M.-H., « Grâce », *Répertoire Dalloz – Droit pénal et procédure pénale*, Paris, Dalloz, 2013.

ZAMBEAUX C., Fascicule n°20 : Transfèrement en France des personnes condamnées et détenues à l'étranger, *Juris-Classeur – Procédure pénale*, Paris, LexisNexis, 2001.

Ouvrages généraux et manuels

AUBERT J.-L. & SAVAUX E., *Introduction au droit*, Paris, Sirey, 14e édition, 2012.

DEBOVE F., FALLETTI F. & DUPIC E., *Précis de droit pénal et de procédure pénale*, Paris, P.U.F., 6e édition, 2016.

DESPORTES F. & LE GUNEHEC F., *Droit pénal général*, Paris, Economica, 17e édition, 2011.

DONNEDIEU DE VABRES H., *Introduction à l'étude du droit pénal international*, Paris, Sirey, 1922.

DONNEDIEU DE VABRES H., *Précis de droit criminel*, Paris, Dalloz, 1946.

DUGUIT L., *Traité de droit constitutionnel*, Paris, De Boccard, Tome 1, 1927.

DUGUIT L., *Traité de droit constitutionnel*, Paris, De Boccard, Tome 2, 1928.

ESMEIN A., *Eléments de droit constitutionnel français et comparé*, Paris, Sirey, 1914.

HAURIOU M., *Précis de droit constitutionnel*, Paris, Sirey, 2e édition, 1929.

HERZOG-EVANS M., *Droit de l'exécution des peines*, Paris, Dalloz Action, 2016.

JEZE G., *Les principes généraux du droit administratif*, Paris, LGDJ, 1926.

MAYER O., *Droit administratif allemand*, Paris, V. Giard et E. Brière, Tome 1, 1903.

ROUVILLOIS F., *Droit constitutionnel (La Ve République)*, Paris, Flammarion, 2001.

STEFANI G. & LEVASSEUR G., *Droit pénal général et procédure pénale*, Paris, Dalloz, 1968.

TURPIN D., *Droit constitutionnel*, Paris, P.U.F., 1994.

VEDEL G., *Manuel élémentaire de droit constitutionnel*, Paris, Dalloz, rééd. 2002.

Ouvrages spécialisés

ARNAUD A.-J., *La justice*, Paris, Seghers, 1977.

BECCARIA C., *Des délits et des peines*, Paris, Flammarion, rééd. 2006 (édition originale : 1794).

CARBASSE J.-M., *La peine de mort*, Paris, P.U.F., 3e édition, 2016.

CARCASSONE G. & GUILLAUME M., *La Constitution*, Paris, Points, 2016.

CHARONDAS LE CARON, *Pandectes ou digestes du droit français*, Paris, 1637.

CORNU G. *L'apport des réformes récentes du Code civil à la théorie générale du droit civil*, Paris, Les cours de droit, 1971.

DANET J., GRUNVALD S., HERZOG-EVANS M. et LE GALL Y., *Prescription, amnistie et grâce en France*, Paris, Dalloz, 2008.

DONNEDIEU DE VABRES H., *La justice pénale d'aujourd'hui*, Paris, Armand Colin, 2e édition, 1941.

DU MESNIL A., *Le droit de grâce et les peines disciplinaires. Interprétations, jurisprudences*, Paris, Libraire Hachette, 1897.

DUGUIT L., *La séparation des pouvoirs et l'Assemblée nationale de 1789*, Paris, L. Larose éditeur, 1893.

DUPARC P., *Origine de la grâce en droit pénal romain et français*, Paris, Sirey, 1942.

FOVIAUX J., *La rémission des peines et des condamnations : Droit monarchique et droit moderne*, Paris, P.U.F., 1970.

GALLOT D., *Les grâces de Dieu, le scandale des grâces présidentielles*, Paris, Albin Michel, 1993.

GUGLIELMI G.-J. (Dir.), *La faveur et le droit*, Paris, P.U.F., 2009.

HANISCH T., *Justice et puissance de juger chez Montesquieu*, Paris, Classique Garnier, 2015.

HOURQUEBIE F., *Le pouvoir juridictionnel en France*, Paris, L.G.D.J., 2010.

JACOB R., *Images de la justice. Essai sur l'iconographie judiciaire du Moyen-Age à l'âge classique*, Paris, Le Léopard d'Or, 1995.

KANT E., *Fondements de la métaphysique des mœurs*, Paris, Le livre de poche, 1993 (édition originale : 1785).

KANT E., *Métaphysique des mœurs. II : Doctrine du droit*, Paris, G.F. Flammarion, 1994 (édition originale : 1795).

LEFRANC S., *Politiques du pardon*, Paris, P.U.F., 2002.

LEGRAND M., *Les secrets d'un juge. Comment la justice se fait le bras armé du pouvoir*, Paris, Fayard, 2015.

LEYRET H., *Le président de la République : son rôle, ses droits, ses devoirs*, Paris, Armand Colin, 1913.

LOCKE J., *Deux traités de gouvernement*, Paris, Vrin, 1997.

MIRKINE-GUETZEVIRCH B. & PUGET H. (dir.), *La pensée politique et constitutionnelle de Montesquieu. Bicentenaire de l'*Esprit des lois *(1748-1948)*, Paris, Sirey, 1952.

MONTEIL J., *La grâce en droit français moderne*, Paris, Librairies techniques, 1959.

MONTESQIUEU, *De l'esprit des lois*, Paris, Gallimard, 1951 (édition originale : 1748).

PEYREFITTE A., *C'était de Gaulle*, Paris, Edition de Fallois-Fayard, Tome II, 1997.

ROYER J.P., *Histoire de la justice en France*, Paris, P.U.F., 3e édition, 2001.

SUDREAU P., *Au-delà de toutes les frontières*, Paris, Odile Jacob, 1991.

TROPER M., *La séparation des pouvoirs et l'Histoire constitutionnelle française*, Paris, L.G.D.J., 1980.

TROPPER M., *Le droit et la nécessité*, Paris, P.U.F., 2011.

TROPPER M., *Pour une théorie juridique de l'Etat*, Paris, P.U.F., 1994.

VASSEUR V., *Médecin-chef à la Prison de la Santé*, Paris, Le cherche midi, 2000.

Travaux de recherche : thèses, mémoires et actes de colloque

ABELLO C., *Du droit de faire grâce*, « Droits de l'homme et libertés publiques », Mémoire DEA, Paris X Nanterre, 2005.

ANQUETIL M., BUFFARD S. et autres, *La peine : quel avenir ? Approche pluridisciplinaire de la peine judiciaire*, Actes du colloque des 23-24 mai 1981, Paris, Centre Thomas More, 1981.

Centre de sciences politiques de l'Institut d'études juridiques de Nice, *La Justice*, Paris, P.U.F., 1961.

DELLA MORTE G., LAMBERT-ABDELGAWAD E. & RUIZ-FABRI H., *Les Institutions de clémence en Europe. Amnistie, grâce et prescription*, Paris, Mission de recherche « Droit et Justice », 2006.

FREYSSINIER A., *Le droit de grâce du chef de l'Etat. Le cas de la Ve République*, Thèse, Toulouse, 2001.

GOBRON L., *Des sources du droit de grâce dans la législation romaine*, Thèse, Paris, 1893.

RULLEAU C., *De la grâce en droit constitutionnel*, Thèse, Bordeaux, 1911.

SEMET E., *Le droit de grâce*, Thèse, Toulouse, 1901.

TESSIER G., *Les lettres de justice*, Bibliothèque de l'école des chartes, 1940.

VIAUD J., *Le droit de grâce à la fin de l'Ancien Régime et son abolition pendant la révolution*, Thèse, Paris, 1906.

Travaux de recherche : articles

ATIAS C., « L'erreur grossière du juge », *Droits*, 1998, p. 280 et s.

AUBY J.-M., « Le contentieux du service public pénitentiaire », *Revue de droit public*, 1987, p. 565 et s.

BARTHELEMY J., « A propos de l'exercice du droit de grâce », *Revue de droit public*, 1909, p. 539 et s.

BEAUD O., « Les mots pour le dire, autorité, pouvoir, dans le débat actuel », *Après-demain*, 2017, n°1, p. 3 et 4.

BELORGEY J.-M., « L'Etat, entre transparence et secret », *Pouvoirs*, 2001, n°2, p. 25 et s.

BIANCHI V., « La loi du 23 janvier 2006 ou l'extension à l'application des peines de la compétence nationale en matière de terrorisme », *Gazette du Palais*, 2006, p. 4.

BONNARD R., « La conception matérielle de la fonction juridictionnelle » in *Mélanges Carré de Malberg*, Paris, Librairie du Recueil Sirey, 1993.

BOUCOBZA I., « Un concept erroné, celui de l'existence d'un pouvoir judiciaire », *Pouvoirs*, 2012, n°143, p. 73 et s.

BOUCOBZA I., « La fonction juridictionnelle et la production juridictionnelle des normes », in. CHAGNOLLAUD D. & TROPER M., *Traité international de droit constitutionnel*, Tome 2, *Distribution des pouvoirs*, Paris, Dalloz, 2012.

BOULOUIS L., « Article 19 », in LUCHAIRE F., CONAC G., PRETOT X. et ZACHARIE C., *La Constitution de la République française. Analyses et commentaires*, Paris, Economica, 3e édition, 2009.

BOURGET R., « Les mesures de clémence étatique : regard de droit et de doctrine comparés (France, Italie et Espagne) », in. GUGLIELMI G.-J. (Dir.), *La faveur et le droit*, Paris, P.U.F., 2009.

BOUVIER J.-C., « Le difficile aménagement des longues peines », *AJ Pénal*, 2015, p. 280 et s.

BOUZIGE S., « Le juge délégué aux victimes : outil de communication ou amélioration du soutien aux victimes ? », *AJ Pénal*, 2008, p. 361 et s.

BREDIN J.-D., « Secret, transparence et démocratie », *Pouvoirs*, 2001, n°2, p. 5 et s.

BRETON S., « Grâce et pardon », *Revue des sciences philosophiques et théologiques*, 1986, p. 185 et s.

CAPITANT R., « De la nature des actes de gouvernement » in *Mélanges Julliot de la Morandière*, Paris, Dalloz, 1964.

CAPORAL S., « Gouverner par la faveur sous la monarchie française », in GUGLIELMI G.-J., (Dir.), *La faveur et le droit*, Paris, P.U.F., 2009.

CARCASSONE G., « Le trouble de la transparence », *Pouvoirs*, 2001, n°97, p. 17 et s.

CHEVALLIER J., « Du principe de séparation au principe de dualité », *Revue française de droit administratif*, 1990, p. 723 et s.

COLCOMBET F., « Des robins de toutes les couleurs », *Après-demain*, 2017, n°1, p. 38 et s.

COQUIN C., « Deux aspects de l'évolution de l'oubli en droit pénal », *Archives de politique criminelle*, 1998, n°20, p. 17 et s.

DEPUSSAY L., « Fondements et critiques théoriques de la grâce et de l'amnistie présidentielle », *Revue de la recherche juridique. Droit prospectif*, 2008, p. 1087 et s.

DU MESNI DU BUISSON et DE ANDREIS, « Pénélope et la Justice, ou « De grâce, Monsieur le Président » », *Champ pénal.revues.org*, 2004.

EISENMANN C., « La justice dans l'Etat », in Centre de sciences politiques de l'Institut d'études juridiques de Nice, *La Justice*, Paris, P.U.F., 1961.

ESCAICH R., « Faut-il supprimer le droit de grâce du chef de l'Etat ? », *La vie judiciaire*, 1977, p. 7 et s.

GALL Yvon Le, « Les Lumières et le droit de grâce », *Littératures classiques*, 2006, n° 60, p. 267 et s.

GALY K., « Le droit de grâce en droit public français, instrument et symbole de la politique pénale du chef de l'Etat », *Revue de la recherche juridique. Droit prospectif*, 2007, p. 1313 et s.

GIACOPELLI M., « Réforme du droit de l'application des peines », *Recueil Dalloz*, 2004, p. 2589 et s.

GIRARD D., « Le président de la République, une autorité juridictionnelle méconnue », *Revue de droit public*, 2013, n°3, p. 673.

GLASSON E., « Le roi, grand justicier », *Revue historique du droit français et étranger*, 1903, p. 91 et s.

GOBRON L., « Le droit de grâce peut-il servir à remettre les peines disciplinaires », *Revue générale d'administration*, 1896, p. 595 et s.

GRCIC J., « The rule of law and presidential pardon », *The international journal of applied philosophy*, 2006, vol. 20, n°1, p. 97 et s.

GRIFFON-YARZA L., « La libération sous contrainte, nouvel oxymore juridique », *AJ Pénal*, 2015, p. 80 et s.

GUGLIELMI, G.-J., « Le juge de l'application des peines est-il un chiroptère ? », *Revue de science criminelle*, 1991, p. 622 et s.

GUILLAUME M., « Amnistie et grâce : ordre, contrordre, désordre », in *Mélanges J. Gicquel*, Montchrestien, 2008.

HEROG-EVANS M., « Complexité du régime des grâces collectives : cumul et non-cumul des peines plurielles », *AJ Pénal*, 2005, p.280 et s.

HERZOG-EVAN M., « Prévenir la récidive : les limites de la répression pénale », *AJ Pénal*, 2007, p. 357 et s.

HERZOG-EVANS M., « Application des peines : la prétendue « bonne partie » de la loi pénitentiaire », *AJ Pénal*, 2009, p. 483 et s.

HERZOG-EVANS M., « Complexité du régime des grâces collectives : cumul et non-cumul de peines plurielles », *AJ Pénal*, 2005, p. 280 et s.

HERZOG-EVANS M., « La marginalisation des juridictions de droit commun de l'application des peines », *Gazette du Palais*, 2009, n°10, p.8

HERZOG-EVANS M., « Nouveaux enjeux dans l'application des peines. Les leçons du droit et de la criminologie comparée », *AJ Pénal*, 2011, p. 177 et s.

HERZOG-EVANS M., « Le juge de l'application des peines, juridiction de premier degré », *Revue de science criminelle*, p. 289 et s.

HOURIOU M., « Un décret de grâce constitue un acte de gouvernement non susceptible d'être déféré au Conseil d'Etat par la voie contentieuse », *Revue de droit public*, 2014, n°3.

HOURQUEBIE F., « Le pouvoir juridictionnel et la Ve République. Quelques observations sur la révision du 23 juillet 2008 », *Politeia*, 2009, n°15, p. 4577 et s.

JAN P., « La justice et le pouvoir politique : entre indépendance et influences », *Après-demain*, 2017, n°1, p. 20 et s.

JANAS M. & MARTIN E., « Une photographie du quotidien de l'application des peines », *AJ Pénal*, 2007, p. 173 et s.

JANAS M., « Le juge de l'application des peines : un acteur essentiel pour lutter contre la récidive », *AJ Pénal*, 2005, p. 347 et s.

JANAS M., « Les dispositions relatives au prononcé et à l'application des peines de la loi n°2009-1436 du 24 novembre 2009 dite loi pénitentiaire », *Droit pénal*, 2010, n°1, p. 7 et s.

JEANJEAN J., « Le droit de grâce », *Pouvoirs*, 1987, n°41, p. 151 et s.

JEZE G., « De la force de vérité légale attachée par la loi à l'acte juridictionnel », *Revue de droit public*, 1913, p. 435 et s.

JEZE G., « Nature juridique de la grâce, de l'amnistie et de la grâce amnistiante », *Revue de droit public*, 1924, n°41, p. 437 et s.

LAFFARGUE B. et GODEFROY T., « Pratique de la grâce et justice pénale en France, l'usage ordinaire d'une mesure exceptionnelle », *Revue de science criminelle*, 1982, p. 652 et s.

LAMBERT ABDELGAWAD E., « L'emprisonnement des personnes condamnées par les juridictions pénales internationales, les conditions relatives à l'aménagement des peines », *Revue de science criminelle*, 2003, p. 162 et s.

LAVIELLE B., « Décrets de grâce collective : plus ça va, moins ça va ! », *La Gazette du Palais*, 2000, p. 574.

LAVIELLE B., « Tolérance : 0 – Grâce : 1 », *Gazette du Palais*, 2009, n°10, p. 2.

LAVIELLE B., « Tout change parce que rien ne change : le décret de grâce collective nouveau est arrivé », *La Gazette du Palais*, 1998, p. 1108.

LAZERGES C., « Réflexions sur l'erreur judiciaire », *Revue de science*, 2006, p. 709 et s.

LEBEN C., « Impératif juridique, dérogation et dispense. Quelques observations », *Droits*, n°25, 1997, p. 33 et s.

LOGELIN C., « Le ministère public : des pouvoirs à renforcer en matière d'exécution des peines », *AJ Pénal*, 2014, p.264 et s.

LUDET D., « Infaillibles, les juges ? », *Après-demain*, 2017, n°1, p. 34 et s.

MOUHANNA Ch., « Le *new public management* et les limites dans les politiques publiques de justice pénale. Le cas de l'exécution des peines », *Droit et société*, n°90, p. 317 et s.

NERI K., « Le pardon de l'Etat. Etude de droit public », *Revue de droit public*, 2012, n°5, p. 1309 et s.

PHILIP-GAY M., « La Grâce en droit international » in RUIZ-FABRI H., DELLA-MORTE G. et LAMBERT ABDELGAWAD E., *Amnistie, grâce et prescription en Europe*, Paris, Société de législation comparée, 2006.

PONCELA P., « Les grâces collectives à la recherche d'une identité », *Revue de science criminelle*, 2005, p. 926 et s.

PORTELLI S., « Les alternatives à la prison », *Pouvoirs*, n°135, p. 15 et s.

PRETOT X., « Le pouvoir de faire grâce : un réaménagement a minima », *Les petites affiches*, 2008, n°254, p. 27.

PRETOT X., « Le pouvoir de faire grâce », *Revue de droit public*, 1983, p. 1558 et s.

RENAUT M.-H., « Le droit de grâce doit-il disparaitre ? », *Revue de science criminelle*, 1996, p. 575 et s.

RENOUX T., « L'apport du Conseil constitutionnel à l'application de la théorie de la séparation des pouvoirs en France », *Dalloz*, 1991.

RENOUX T., « La Constitution et le pouvoir juridictionnel. De l'article 64 de la Constitution et l'indépendance de l'autorité judiciaire à l'article 16 de la Déclaration des droits et l'indépendance de la justice », *Dalloz*, 2008.

RENOUX T., « Le pari de la justice », *Pouvoirs*, 2001, n°99, p. 90 et s.

RENOUX T., « Le président de la République garant de l'indépendance de l'autorité judiciaire », *Justices*, n°3, 1996, p. 97 et s.

ROBERT J.-H., « Les aspects de droit pénal de la dispense », *Droits*, n°25, 1997, p. 91 et s.

ROUSSEAU D., « Le Président peut-il être le « garant de l'indépendance » de l'autorité judiciaire ? », *Après-demain*, 2017, n°1, p. 17 et s.

ROUYERE A., « La dispense en droit public : l'un et le multiple », *Droits*, n°25, 1997, p. 73 et s.

RUYZ-FABRI H., DELLA MORTE G., LAMBERT-ABDELGAWAD E. et KATHIA M.-C., « Les institutions de clémence (amnistie, grâce, prescription) en droit international et droit constitutionnel comparé », *Archives de politique criminelle*, 2006, n° 28, p. 237 et s.

SAUVE J.-M., « La justice dans la séparation des pouvoirs », in Colloque « La séparation des pouvoirs : efficacité, vertus, intérêts ».

STAECHELE F., « Le juge de l'application des peines, magistrat du siège ou administrateur judiciaire ? », *Revue de science criminelle*, 1991, p. 385 et s.

TAROT C., « Repères pour une histoire de la naissance de la grâce », *Revue de Mauss*, 1993, p. 90 et s.

THERY P., « Dérogation, dispense, excuse, tolérance » in ALLAND D. & RIALS S., *Dictionnaire de culture juridique*, Paris, P.U.F., 2003.

TURK P., « Le droit de grâce présidentiel à l'issue de la révision du 23 juillet 2008 », *Revue française de droit constitutionnel*, 2009, n°79, p. 513 et s.

VERGES E., « Article 7 de la loi constitutionnelle n°2008-724 du 23 juillet 2008 de modernisation des institutions de la Ve République : réflexions sur la nature et la fonction de la grâce présidentielle », *Revue de science criminelle*, 2008, p. 952 et s.

WALINE M., « Le pouvoir exécutif (et son chef) et la justice » in Centre de sciences politiques de l'Institut d'études juridiques de Nice, *La justice*, Paris, P. U. F., 1961.

ZARKA J.-C., « La réforme du droit de la grâce », *La gazette du Palais*, 2008, n°176, p. 6.

Rapports administratifs et parlementaires

ALFONSI N., *Rapport n°467 sur la proposition de loi relative à la réforme des procédures de révision et de réexamen d'une condamnation pénale définitive*, Sénat, 16 avril 2014.

BALLADUR E., *Une Ve République plus démocratique - Comité de réflexion et de proposition sur la modernisation et le rééquilibrage des institutions de la Ve République*, Paris, La documentation française, 2007.

BARANGER D., in BARTOLONE C. & WINOCK M. (Dir.), *Refaire la démocratie*, Rapport du groupe de travail sur l'avenir des institutions, Assemblée nationale, 2016.

CAINET G., *Amélioration du contrôle externe sur les établissements pénitentiaires*, Rapport au Garde des Sceaux, ministre de la Justice, juillet 1999.

CLEMENT P. & LEONARD G., *Rapport d'information n°1718 sur le traitement de la récidive des infractions pénales*, Assemblée nationale, 7 juillet 2004.

DAILLY E., HAENEL H. & JOLIBOIS C., *Rapport n°316 sur le projet de loi constitutionnelle portant révision de la Constitution du 4 octobre 1958 et modifiant ses titres VII, VIII, IX et X*, Sénat, 19 mai 1993.

FARGE D., *La libération conditionnelle*, Rapport au Garde des sceaux, ministre de la Justice, février 2000.

HYEST J.-J. & CABANEL G.-P., *Rapport de la commission d'enquête n°449 sur les conditions de détention dans les établissements pénitentiaires en France*, Sénat, 29 juin 2000.

HYEST J.-J., *Rapport n°387 sur le projet de loi constitutionnelle de modernisation des institutions de la Ve République*, Sénat, 11 juin 2008.

Inspection générale des services judiciaires, *Evaluation du nombre de peines d'emprisonnement ferme en attende d'exécution*, ministère de la Justice, 2009.

LAZERGES C., *Rapport d'information n°3501 sur l'évaluation de la loi n° 2000-516 du 15 juin 2000 renforçant la protection de la présomption d'innocence et les droits des victimes*, Assemblée nationale, 20 décembre 2001.

LECERT J.-R. & BORVO COHEN SEAT N., *Rapport d'information n°629 sur l'application de la loi pénitentiaire n°2009-1436 du 24 novembre 2009*, Sénat, 4 juillet 2012.

MERMAZ L. & FLOCH J., *Rapport de la commission d'enquête n°2521 sur la situation dans les prisons françaises*, Assemblée nationale, 28 juin 2000.

WARSMANN J.-L., *Rapport d'information n°2378 sur la mise en application de la loi n° 2004-204 du 9 mars 2004 portant adaptation de la justice aux évolutions de la criminalité*, Assemblée nationale, 15 juin 2005.

WARSMANN J.-L., *Rapport n°1009 sur le projet de loi constitutionnelle de modernisation des institutions de la Ve République*, Assemblée nationale, 2 juillet 2008.

WARSMANN J.-L., *Rapport n°892 sur le projet de loi constitutionnelle de modernisation des institutions de la Ve République*, 15 mai 2008.

Articles de presse et contributions dans des blogs Internet

« Sarkozy souhaite supprimer droit de grâce et amnistie », *AFP Infos françaises*, 11 juin 2006.

AEBERHARD P. et al., « Appel pour le détenu Philippe El Shennawy », *Le Monde*, 29 décembre 2012.

BILGER Ph., « La démagogie et la complaisance ont gagné », *Le Figaro*, 2 février 2016.

BOURGNEUF C., « Jacqueline Sauvage : « Je vais tenir. On va continuer à se battre » », *Libération*, 12 aout 2016.

BRAFMAN J., « Graciée, Jacqueline Sauvage restera, malgré tout, en prison », *Libération*, 24 novembre 2016.

CANIVET G., « Nous rendons justice les mains tremblantes », *Le Monde*, 6 janvier 2006.

DE CHARRETTE L, « Sarkozy prépare une grâce pour des détenus méritants », *Le Figaro*, 28 novembre 2009.

JACQUIN J.-B., « La grâce de Madame Sauvage irrite les magistrats », *Le Monde*, 30 décembre 2016.

KOCH F., « L'affaire Sauvage, loin des passions », *L'Express*, 2 mars 2016.

Maître Eolas, « De grâce… », *Blog « Journal d'un avocat »*, 3 février 2016.

NUNES M., « Le droit de grâce présidentielle, l'autorité judiciaire et les droits fondamentaux procéduraux : La « soupape de justice républicaine » est-elle à bout de souffle ? », *Blog Le petit juriste*, 23 février 2016.

PARISOT G., « Le recours à la grâce présidentielle remet en cause l'indépendance de la justice », *La Croix*, 30 décembre 2016.

PERRAULT G. & HUET S., « L'amnistie de Guy Drut sème le trouble à l'UMP », *Le Figaro*, 31 mai 2006.

ROBERT-DIARD P., « La grâce présidentielle accordée à M. Marchiani provoque une polémique », *Le Monde*, 24 décembre 2012.

SMITH S., « Chirac offre la grâce partielle d'Omar Raddad à Hassan II », *Libération*, 11 mai 1996.

Table des matières

Questions juridiques

aux éditions L'Harmattan

Dernières parutions

EXISTE-T-IL ENCORE UN SEUL « NON BIS IN IDEM » AUJOURD'HUI ?
Sous la direction de Delphine Brach-Thiel
«Nul ne doit pouvoir être jugé et condamné deux fois à raison des mêmes faits.» Si le principe est simple, c'est précisément son interprétation par de très nombreuses juridictions - pas toujours à l'unisson - qui pose question et explique le retour de ces interrogations sur le devant de la scène aujourd'hui. L'analyse ici présentée se veut riche et féconde de la rencontre entre universitaires belges et français, entre praticiens et chercheurs, entre européanistes, internationalistes ou pénalistes.
(Coll. Comité international des pénalistes francophones, 23.50 euros, 230 p.)
ISBN : 978-2-343-11828-4, ISBN EBOOK : 978-2-14-004143-3

ESSAI SUR LA NOTION D'EXÉCUTION CONTRACTUELLE
Alvarez Isabelle
L'exécution contractuelle constitue la cause impulsive de l'établissement du contrat qui, paradoxalement, est un mécanisme trop familier pour être bien connu. Adopter une méthode d'analyse alternative permet d'esquisser une définition de cette notion juridique. Est ici proposée une approche dynamique des échanges contractualisés, orientés vers la réalisation satisfactoire de l'opération économique, démontrant que cette phase exécutoire recèle un panel étendu de perspectives. (Étude à jour de l'ordonnance n° 2016-131 du 10 février 2016 portant réforme du droit des contrats, du régime général et de la preuve des obligations).
(Coll. Logiques Juridiques, 45.00 euros, 486 p.)
ISBN : 978-2-343-12604-3, ISBN EBOOK : 978-2-14-004271-3

LES ACCORDS COLLECTIFS DE GROUPE
Théodoropoulos Alexandra - Préface de Gérard Vachet
De simple expérimentation issue de la pratique, la négociation collective de groupe est devenue un véritable niveau de négociation collective reconnue par le législateur. L'accord de groupe est désormais consacré comme une norme créatrice de droits et d'obligations entre employeurs et salariés du groupe, mais sa place dans la hiérarchie des normes n'a pas été précisée. Cette situation génère de nombreuses interrogations quant à sa portée et à ses limites.
(Coll. Logiques Juridiques, 44.00 euros, 440 p.)
ISBN : 978-2-343-12269-4, ISBN EBOOK : 978-2-14-004330-7

LA SIMPLIFICATION DU DROIT DES SOCIÉTÉS À L'AUNE DU CAS HONGKONGAIS
L'exemple des SARL et SAS
Tortellier Nathalie - Préface de Mme le professeur Catherine Barreau
Cette étude comparative puise dans les règles et mécanismes de la société fermée à risque limité hongkongaise des techniques pouvant fortement contribuer à l'assouplissement et à la simplification du droit des sociétés. L'analyse décortique la vie des SARL et SAS et propose l'application de la méthodologie pragmatique du droit hongkongais par thèmes dans un souci d'adaptabilité du droit français. Il ressort de cette analyse comparative 80 recommandations inspirées de la société hongkongaise pour développer une société outil au service de l'entreprise, une société adaptée et adaptable aux acteurs économiques contemporains.
(Coll. Logiques Juridiques, 49.00 euros, 638 p.)
ISBN : 978-2-343-11885-7, ISBN EBOOK : 978-2-14-004220-1

LE DROIT DE L'INFORMATIQUE
4e édition (2017)
Bismuth Yves
À travers l'étude des grands thèmes du droit de l'informatique (protection des logiciels et des données, contrats informatiques, protection des libertés, gestion du risque informatique), cet ouvrage permet au lecteur d'établir lui-même un diagnostic juridique des problèmes rencontrés à l'occasion de la mise en place d'un système informatique. Il est complété par des extraits de code, une bibliographie, un index et un lexique, et est à jour des dernières lois et décrets intervenus en la matière.
(38.00 euros, 436 p.)
ISBN : 978-2-343-11527-6, ISBN EBOOK : 978-2-14-004177-8

MÉTHODE ET ASPECTS FORMELS DE LA RECHERCHE
Petit manuel à l'usage des juristes (2e édition)
Marain Gaëtan
L'ouvrage propose un apprentissage de la recherche et de son formalisme qui doit permettre aux étudiants confrontés à la rédaction d'une thèse ou d'un mémoire en droit d'aborder ce travail avec sérénité. L'auteur donne ainsi une méthode pour définir le sujet, échafauder un plan et trouver la documentation utile. Est également abordée, entre autres, la question du référencement des sources et de la citation d'auteur. Des recommandations propres à l'organisation de la soutenance et à son bon déroulement sont prodiguées. Voici un guide à même d'éclairer les premiers pas du jeune chercheur en droit.
(15.50 euros, 138 p.)
ISBN : 978-2-343-12682-1, ISBN EBOOK : 978-2-14-004300-0

LA PROCÉDURE DE LIBÉRATION CONDITIONNELLE COMME OUTIL DE GESTION DU RISQUE
Ben Gadi Amélie - Préface de Joana Falxa
La procédure d'octroi de la libération conditionnelle des longues peines témoigne d'une sévérité accrue à leur égard. En imposant une évaluation de dangerosité, le législateur a souhaité «verrouiller» la procédure. Cependant, la notion de

dangerosité est très complexe à définir et ne fait l'objet d'aucune définition légale. Elle introduit la notion de gestion du risque, ouvrant le chemin vers une justice de précaution. La présente étude éclaire la problématique de la réinsertion des longues peines.
(Coll. Bibliothèques de droit, 15.00 euros, 132 p.)
ISBN : 978-2-343-11550-4, ISBN EBOOK : 978-2-14-004296-6

LETTRE À TOUS CEUX QUI PERSISTENT À VOULOIR FAIRE LEUR DROIT
Charles Thierry
Le droit court derrière la «révolution numérique». Les algorithmes nous espionnent et restreignent les libertés publiques, ils calculent les indemnités au service des compagnies d'assurances. La diminution lente et continue des services chargés de veiller à l'application du droit affaiblit et parfois anéantit l'efficacité de ces lois. L'échec de la loi Hadopi est significatif à cet égard. Le mal est en fait bien plus profond et ne date pas d'hier. Nous vivons une époque de démolition des codes établis. Si le droit est partout, en définitive il n'est nulle part...
(20.50 euros, 204 p.)
ISBN : 978-2-343-12343-1, ISBN EBOOK : 978-2-14-004306-2

FÊTE ET DROIT PUBLIC
Sous la direction d'Adrien Azarete, Elie Guerrero et Thomas Moretto
S'inscrivant dans une approche globale et élargi à tout le droit public, le présent ouvrage, issu du colloque « Fête du Droit Public », a pour objet l'étude de l'application du droit public dans la fête par les différents acteurs de cette branche du droit. De l'autorisation de la fête à sa responsabilité, en passant par son organisation, son coût et sa sécurité, le droit public est présent partout, de par l'évidente présence et implication de la puissance publique et des collectivités territoriales.
(Coll. Bibliothèques de droit, 20.00 euros, 192 p.)
ISBN : 978-2-343-11018-9, ISBN EBOOK : 978-2-14-003946-1

LA DÉMOCRATIE EN DROIT INTERNATIONAL
Étude critique sur le statut juridique de la démocratie en droit international et la légitimité de l'imposer par la force
Alshiabani Abuhamoud
En droit international, la démocratie était jusqu'à très récemment absente. Malgré les appels lancés au début du 20e siècle, celui-ci a toujours considéré la démocratie comme une idéologie dans laquelle il ne doit pas s'impliquer. Après la fin de la Guerre froide et la victoire de la démocratie libérale, la démocratie s'est renforcée au plan international. Elle a exercé une pression considérable sur le droit international pour qu'il s'adapte aux nouvelles exigences des réalités politiques. Cet ouvrage traite de ce sujet et montre le contexte dans lequel se sont développés la démocratie et le concept d'ingérence démocratique.
(Coll. Logiques Juridiques, 39.00 euros, 408 p.)
ISBN : 978-2-343-10818-6, ISBN EBOOK : 978-2-14-003833-4

LES PRINCIPES GÉNÉRAUX DANS LA JURISPRUDENCE DE L'ORGANE DE RÈGLEMENT DES DIFFÉRENDS DE L'OMC

Aydi Ghozzi Mariem - Préface de Slim Laghmani

Représentant la justice marchande, le Système de règlement des différends de l'organisation Mondiale du Commerce (OMC) est censé rendre une meilleure justice. Bien qu'il ne constitue pas une véritable juridiction, il chemine sur les traces du juge international dans la détermination et la régulation du sens du droit de cette organisation, les principes généraux devraient en constituer des instruments de moralisation et de développement. Cependant, la méthode par laquelle l'organe de règlement des différends appréhende lesdits principes mérite une attention particulière.

(Coll. Droit aujourd'hui, 37.50 euros, 368 p.)

ISBN : 978-2-343-12079-9, ISBN EBOOK : 978-2-14-004047-4

LA RESPONSABILITÉ DES ENTREPRISES MULTINATIONALES POUR LES VIOLATIONS DES DROITS DE L'HOMME EN AFRIQUE

Opportunités et défis

Belporo Christelle

La question de la responsabilité des entreprises multinationales pour les violations des droits de l'homme est d'une actualité brûlante. Alors qu'à travers le monde les scandales se multiplient, sur le continent africain, des voix s'élèvent pour dénoncer les nombreuses violations des droits internationalement protégés. Cet ouvrage évalue les réponses offertes par le droit pour l'encadrement de la responsabilité juridique des entreprises multinationales à l'aune des instruments internationaux et africains.

(Coll. Études africaines, 20.50 euros, 200 p.)

ISBN : 978-2-343-11365-4, ISBN EBOOK : 978-2-14-004005-4

CONCEPTS ET PRATIQUES PROFESSIONNELLES EN DOUANES

Origines, procédures, régimes et valeur

Bouga Boukari Dan

Ce livre explique d'abord les concepts, c'est-à-dire le vocabulaire douanier de façon à ne saisir que l'essentiel. Il expose ensuite les exigences des pratiques douanières pour tous les scénarios du commerce international. II procède enfin à des illustrations pour une meilleure compréhension des droits et obligations des opérateurs en douane.

(Harmattan Côte-d'Ivoire, 20.00 euros, 184 p.)

ISBN : 978-2-343-11805-5, ISBN EBOOK : 978-2-14-004075-7

L'Harmattan Italia
Via Degli Artisti 15; 10124 Torino
harmattan.italia@gmail.com

L'Harmattan Hongrie
Könyvesbolt ; Kossuth L. u. 14-16
1053 Budapest

L'Harmattan Kinshasa
185, avenue Nyangwe
Commune de Lingwala
Kinshasa, R.D. Congo
(00243) 998697603 ou (00243) 999229662

L'Harmattan Congo
67, av. E. P. Lumumba
Bât. – Congo Pharmacie (Bib. Nat.)
BP2874 Brazzaville
harmattan.congo@yahoo.fr

L'Harmattan Guinée
Almamya Rue KA 028, en face
du restaurant Le Cèdre
OKB agency BP 3470 Conakry
(00224) 657 20 85 08 / 664 28 91 96
harmattanguinee@yahoo.fr

L'Harmattan Mali
Rue 73, Porte 536, Niamakoro,
Cité Unicef, Bamako
Tél. 00 (223) 20205724 / +(223) 76378082
poudiougopaul@yahoo.fr
pp.harmattan@gmail.com

L'Harmattan Cameroun
TSINGA/FECAFOOT
BP 11486 Yaoundé
699198028/675441949
harmattancam@yahoo.com

L'Harmattan Côte d'Ivoire
Résidence Karl / cité des arts
Abidjan-Cocody 03 BP 1588 Abidjan 03
(00225) 05 77 87 31
etien_nda@yahoo.fr

L'Harmattan Burkina
Penou Achille Some
Ouagadougou
(+226) 70 26 88 27

L'Harmattan Sénégal
10 VDN en face Mermoz, après le pont de Fann
BP 45034 Dakar Fann
33 825 98 58 / 33 860 9858
senharmattan@gmail.com / senlibraire@gmail.com
www.harmattansenegal.com

www.ingramcontent.com/pod-product-compliance
Lightning Source LLC
La Vergne TN
LVHW011010061026
849535LV00006B/1799